La Palabra es la semilla
que puede cambiar tu vida.

El Cambio Sin Esfuerzo

Andrew Wommack

Título en inglés: *Effortless Change*
ISBN: 978-1-59548-213-6
Copyright © 2010 por Andrew Wommack Ministries, Inc.
P.O. Box 3333
Colorado Springs, CO 80934-3333

Traducido por: Citlalli Macy y René M. Tapia
Edición en Español Copyright 2010

ÍNDICE

INTRODUCCIÓN

El cambio sin esfuerzo—parece algo imposible. Sin embargo, eso es lo que la Palabra revela sobre la manera como opera el reino de Dios.

La mayoría de la gente ve el cambio como algo difícil, doloroso, un proceso que requiere un gran esfuerzo. De acuerdo a su manera de pensar, se requiere un gran esfuerzo para cambiar sus pensamientos, sus acciones, y sus circunstancias. Debido a esto, el cambio es algo a lo que se resisten. Es difícil cambiar rutinas, tradiciones, y problemas que han permanecido por mucho tiempo. La gente se atasca en rutinas monótonas—maneras de pensar y de actuar. Por lo tanto, hay una resistencia natural hacia el cambio.

En este libro, quiero compartir contigo algunas verdades de la Palabra de Dios que podrían transformar totalmente tu manera de ver y de tratar con el cambio. Si tú recibes estas verdades en tu corazón y las aplicas en tu vida, podrás ver que el cambio ocurrirá en tu vida sin esfuerzo.

Muchas personas ni siquiera reconocen que necesitan cambiar. Otras están muy conscientes de esto, y tienen un fuerte deseo de cambiar. Si tú estás enfermo, probablemente deseas ser sano. Si eres pobre, es muy probable que quieras disfrutar más de la provisión de Dios en el área del dinero. Tú podrías darte cuenta que a ti te gustaría que ocurrieran ciertos cambios externos en tu vida. Sin embargo, todo cambio que es verdadero empieza internamente; empieza con lo que está en tu interior.

QUITÁNDOLE LOS LÍMITES A DIOS

El 31 de Enero del 2002, el Señor me habló de una manera personal y trascendental. Él me dijo que yo había estado limitando lo que Él quería hacer en y a través de mi vida por mi limitada manera de pensar. Lo que me dijo literalmente sacudió mi mundo. Así que me pasé una semana o más meditando en eso hasta que se convirtió en una revelación en mi vida. Después de eso reuní a mis empleados y les hablé de aquello de lo que Dios me había hecho consciente, y les dije: "No sé cuánto tiempo se va a llevar para que cambie la imagen que está en mi interior. Podría llevarse una semana, un mes, un año, cinco años—no lo sé. Pero voy a cambiar, ¡y vamos a empezar a ver crecimiento!" Recuerdo que en el transcurso de una semana, hubo cosas que empezaron a suceder tan rápidamente que verdaderamente me asombraron.

Inclusive antes de que tuviera tiempo para escribir una carta, de mandarla a nuestros socios, y que recibiéramos una respuesta (lo que normalmente se lleva por lo menos tres meses), vimos un gran incremento en nuestro ingreso. Todo lo que había cambiado estaba en mi interior—mi actitud, mis pensamientos, y mis expectativas. Aparte de eso, no estábamos haciendo nada diferente. Sin embargo, inmediatamente batimos récords de los donativos de la gente por tres meses consecutivos. Esto ocurrió antes de que enviáramos mi carta sobre este tema— ¡antes de que la gente siquiera hubiera tenido la oportunidad de enterarse de lo que Dios me había dicho y de responder! Cuando cambié en mi interior, inmediatamente todo en mi vida empezó a cambiar en el exterior. Este ejemplo solamente es uno entre muchos otros. El cambio externo empezó a darse cuando empecé a cambiar la manera de pensar en el interior.

Si tú quieres ver el cambio exterior, tiene que empezar en el interior. De eso se trata este libro—cómo empezar a cambiar en el interior. Si tú puedes cambiar tu manera de pensar—entonces verás el cambio en el exterior…cómodamente.

Capítulo 1
EMPIEZA EN EL INTERIOR

L a Palabra de Dios revela claramente que como piensas en tu corazón, así eres.

Porque cual es su pensamiento en su corazón, tal es él.

PROVERBIOS 23:7

Si no puedes—¿o debería decir si no quieres?—cambiar internamente, entonces no verás cambio en el exterior. Tú puedes orar, rogarle a Dios, y hacer que otras gentes intercedan por ti cuanto quieras. Esas personas hasta podrían imponerte manos y frotarte la cabeza hasta que te quedes calvo. Pero no vas a ver cambio en tu vida en el exterior hasta que cambies internamente.

Mucha gente dice: "Pero yo sí deseo cambiar. He hecho todo lo que sé, sin embargo parece que las cosas siguen igual". La Palabra de Dios es verdadera. Como piensas en tu corazón, así eres (Pr. 23:7). Ésta es una ley de Dios. Romanos 8:6 confirma esta verdad, revelando que:

El ocuparse de la carne es muerte, pero el ocuparse del Espíritu es vida y paz.

Antes de que te ofendas, te sientas resentido y difieras de lo que estoy compartiendo, considera esta verdad. Es cierto, todo el mundo se topa con un bache en el camino ocasionalmente, sea que estén caminando con el Señor o no. Vivimos en un mundo caído, y tenemos un enemigo que nos ataca. No todos los problemas son el resultado directo de algo en nuestro interior. Sin embargo, si por lo general pareciera que tu vida entra en una espiral de caída, que las cosas nunca salen bien, y que lo único que experimentas son problemas, entonces deberías detenerte y reflexionar.

¿QUÉ ES LO QUE HAS PLANTADO?

La gente por lo general reacciona echándole la culpa a alguien o a algo. "Es el color de mi piel. Es la familia de la que vengo. Mis circunstancias fueron desfavorables. Una persona me trató mal". Le echan la culpa a cualquiera. "Mi jefe es el patán, no yo". Siempre la culpa la tienen otros.

Sin embargo, la Palabra deja claro que tu experiencia, lo que te rodea—todo lo relacionado contigo—básicamente es la manifestación de tu manera de pensar. Como piensas en tu corazón, así son las cosas. Cuando tú piensas dejándote guiar por tu espíritu, todo lo que obtienes es vida y paz. Cuando no lo haces, obtienes muerte (Ro. 8:6). A lo mejor no te gusta eso. Tú podrías estar pensando: "No, eso no es verdad", pero lo es.

Si yo fuera a tu casa para ver tu jardín, no tendría que haber estado contigo cuando sembraste las semillas para saber qué plantaste. Todo lo que tendría que hacer es estar presente cuando las plantas empiecen a crecer. Si tú tienes maíz creciendo allí, eso significa que plantaste maíz. Si hay chícharos, sembraste chícharos. Es posible que otra persona haya entrado y plantado algo en tu jardín. Sin embargo, es tu responsabilidad guardar y proteger tu jardín. Cualquier cosa que esté creciendo allí es lo que tú plantaste o lo que tú permitiste que fuera plantado.

Así como esto es verdad en el ámbito natural, también es verdad en el ámbito espiritual. Cualquier cosa que esté creciendo en el jardín de tu vida es lo que has plantado o lo que has permitido que sea plantado en tu corazón. Antes de que verdaderamente puedas ver cambio, debes dejar de usar excusas y de culpar a todos los demás por lo que está mal en tu vida. Tienes que dejar de decir: "Es el destino", o "la suerte", y "nunca me sale nada bien". Las Escrituras revelan que como piensas en tu corazón, así serás (Pr. 23:7). Si tú piensas dejándote guiar por tu espíritu, lo único que produces es vida y paz (Ro. 8:6).

EL CONOCIMIENTO DE DIOS

2 Pedro 1:2 lo confirma diciendo:

> *Gracia y paz os sean multiplicadas, en el conocimiento de Dios y de nuestro Señor Jesús.*

Mucha gente quiere que la gracia y la paz les sean multiplicadas. Estas personas desean paz en sus vidas, pero sólo están orando por ella. Están pidiéndoles a otros que les ayuden a obtenerla. En realidad, están esperando que la paz venga externamente—que proceda de afuera de ellos—a sus circunstancias. Este versículo revela que la paz viene a través del conocimiento de Dios (2 P. 1:2).

EL CAMBIO SIN ESFUERZO

La paz en tu vida no va a ser la ausencia de problemas o circunstancias desafiantes a tu alrededor. El tipo de paz de Dios está presente inclusive en medio de una tormenta. Reside en el interior. Después, finalmente, esa paz que está en tu interior empezará a cambiar las circunstancias en el exterior.

> *Como todas las cosas que pertenecen a la vida y a la piedad nos han sido dadas por su divino poder, mediante el conocimiento de aquel que nos llamó por su gloria y excelencia.*
>
> 2 PEDRO 1:3

Esto dice que Su divino poder ya nos dio (tiempo pasado) todas las cosas. La mayoría de la gente quiere que Dios venga con Su poder del exterior al interior. Estas personas oran: "¡Oh Señor, extiende Tu poderosa mano y tócame!" Están esperando que Dios lance un rayo espiritual que los impacte y —¡BOOM!— sean sanados, prosperados, liberados, o cualquier cosa que necesiten. Sin embargo, este versículo dice que todas las cosas que pertenecen a la vida y a la piedad vienen a través del conocimiento de Dios. Esto incluye la sanidad, la prosperidad, la liberación, el gozo, la paz, el éxito en los negocios, las buenas relaciones, y todo lo demás. Todo lo que pertenece a la vida y a la piedad viene a través del conocimiento de Dios.

El Cristiano vuelto a nacer ya tiene la paz de Dios en su espíritu y conforme renueva su mente para adaptarla a lo que él es y a lo que tiene en Cristo, llevará esa paz a su experiencia vivencial.

EMPIEZA EN EL INTERIOR

La experiencia que predomina en tu vida es la manifestación de la manera como estás pensando en el interior (Pr. 23:7). En vez de esperar que el cambio se dé externamente en todos y en todo lo que está a tu alrededor, lo primero que tienes que hacer es reconocer que el cambio empieza en tu interior, es de acuerdo al conocimiento que tienes de Dios (2 P. 1:2-3).

LA REALIDAD

Ésta es una verdad simple, pero es profunda. De hecho, la mayoría de la gente la pasa desapercibida, pensando: "No, seguramente es más complejo que eso. No puede ser solamente el hecho de que no estoy pensando bien acerca de las cosas". La Palabra de Dios es verdadera. Tú puedes revertir cualquier circunstancia en tu vida cuando obtienes Su perspectiva y empiezas a tener Sus pensamientos. Algunas personas se refieren a esto de diferentes maneras, pero yo creo que es lo que la Biblia llama fe.

La fe simplemente es ver las cosas con la perspectiva de Dios. Cuando alguien te hace algo, tú reaccionas de acuerdo al ámbito natural, físico, y con base en tus emociones, pero la fe toma en cuenta lo siguiente: "¿Qué es lo que Dios dice?" Así que tú tomas un versículo como Efesios 6:12, que dice que no estás luchando…

Contra sangre y carne, sino contra principados, contra potestades, contra los gobernadores de las tinieblas de este siglo, contra huestes espirituales de maldad en las regiones celestes.

EFESIOS 6:12

Así que en vez de reaccionar por el hecho de que una persona te ha "puesto el dedo en la llaga", a causa del conocimiento de Dios que tienes a través de Su Palabra, tú reconocerás que el diablo puede hablar a través de la gente y puede usarla para atacarte. En vez de ver las cosas solamente en el ámbito natural, tú tendrás una perspectiva diferente por el conocimiento de Dios. Tú pensarás de una manera diferente en el interior. Te darás cuenta que en realidad el problema no es la persona que está enojada contigo y que está resistiéndose a Dios que vive en tu interior. Por eso, continuamente responderás de manera diferente a como lo hacen otras personas. Tú reaccionarás positivamente y amarás a esas personas en vez de meterte en el conflicto, y eso producirá resultados diferentes. Todo esto empieza contigo cuando tú piensas diferente.

Podría darte cientos de testimonios de mi vida y de las vidas de otras personas que personalmente hemos experimentado esta verdad. Ésta es la realidad. Sin embargo, la mayoría de la gente quiere cambiar sus circunstancias, pero no se dan cuenta de que el cambio empieza en su interior.

LOCURA

En cada uno de nuestros seminarios de la Verdad del Evangelio, le hablo a la gente acerca de nuestras escuelas Bíblicas. A menudo pregunto: "¿Cuántos de ustedes se dan cuenta de que se puede aspirar a más en la vida? Tú deseas algo más y quieres ver cambio en tu vida". No es raro ver que un ochenta o un noventa por ciento del público responde. La mayoría de estas personas son Cristianos—creyentes llenos del Espíritu Santo—

que reconocen que debe haber un cambio en sus vidas. No están satisfechos con la situación en la que se encuentran y quieren algo más.

Después de que todas estas personas reconocen: "Sí, quiero un cambio", yo replico y les pregunto: "¿Qué vas a hacer para producir un cambio? ¿Qué es lo que va a cambiar?" Una de las definiciones de locura es hacer lo mismo vez tras vez, y esperar obtener diferentes resultados. Si tú quieres que algo cambie en el exterior, entonces vas a tener que empezar a cambiar algo en el interior. Si tú quieres un cambio en tu vida, entonces vas a tener que hacer algo diferente.

En el momento que aclaro esto, inmediatamente encuentro la resistencia de estas personas porque la gente tiene temor de cambiar. De hecho he conocido personas que estaban en situaciones terribles y miserables; sin embargo ya se habían adaptado a éstas. Estas personas sabían que por lo menos podrían sobrevivir. A lo mejor esa situación no es lo que querían—no era su sueño ni su meta—pero ya habían estado en esa situación por mucho tiempo. Sabían que por lo menos podían sobrevivir, y tenían temor de perder lo que tenían.

Si tú eres una de esas personas, una de las cosas que deben suceder para que se pueda producir el cambio en tu vida es que vas a tener que llegar al punto de que ya estés cansado de estar enfermo y cansado. Tú tienes que alcanzar el punto de tu corazón donde dices: "Voy a hacer lo que sea necesario para ver que estos cambios externos se den en mi vida. Voy a empezar a cambiar mi manera de pensar. Voy a empezar a tomar algunos riesgos". A menos que estés dispuesto a hacer estas cosas, nunca verás el cambio externo.

¿CUÁNTO TIEMPO?

La Biblia relata la historia de la ciudad de Samaria cuando estaba rodeada y sitiada por el ejército de Siria (2 Reyes 6:24-7:20). Los samaritanos estaban padeciendo una hambruna tan severa que se estaban comiendo a sus propios hijos. El excremento de los animales se estaba vendiendo como comida y se estaba vendiendo caro. Esta ciudad estaba sufriendo terriblemente por el cerco, la sequía, y la hambruna. La gente estaba a punto de ser aniquilada, sin embargo no podían hacer nada al respecto porque los sirios tenían a Samaria totalmente cercada.

Cuatro leprosos estaban sentados en la puerta de Samaria. Hablaban entre ellos y dijeron: "¿Cuánto tiempo nos vamos a sentar aquí—hasta que nos muramos? Si vamos a la ciudad, la hambruna nos matará. Vayamos con los sirios. Si nos matan, de todas maneras nos íbamos a morir aquí. No tenemos nada que perder. A lo mejor nos muestran misericordia".

Así que estos cuatro leprosos se levantaron y fueron al campamento de los sirios. Resulta que el Señor ya había estado allí. Él había hecho que los sirios escucharan un ruido. Los sirios pensaron que los israelitas le habían pagado a otra nación para que los atacara, así que habían huido despavoridos dejando atrás comida, animales, tiendas, víveres, oro, y plata. ¡Los sirios habían huido para preservar sus vidas y dejaron todo tras ellos!

EMPIEZA EN EL INTERIOR

Esos cuatro leprosos, que solamente unos minutos antes habían estado enfrentando el hambre, experimentaron una liberación personal tremenda. Fueron al campamento y descubrieron comida que todavía estaba caliente. Empezaron a comer hasta que se llenaron. Encontraron ropa, oro, y plata. Después de que hicieron todas estas cosas, finalmente ellos fueron los que llevaron las buenas noticias a la ciudad de Samaria. Se convirtieron en héroes que de hecho proclamaron la liberación a toda esa área. Todo esto sucedió porque cuatro leprosos, rechazados por su ciudad, que estaban sentados a la puerta de la ciudad, muriéndose de hambre, finalmente tomaron una decisión. Aunque su perspectiva parecía terrible, declararon: "Tenemos que hacer algo. Vamos a morir si nos quedamos donde estamos. Debemos encaminarnos en alguna dirección". Así que consideraron sus opciones. Aunque la opción que tomaron no se veía muy alentadora, era mejor que quedarse sin hacer nada y morir. Y porque hicieron algo diferente, experimentaron una liberación tremenda.

EL CAMBIO ES NECESARIO

Podría ser que ahorita mismo tú te estés muriendo como esos leprosos. Si no físicamente, quizá emocionalmente. Tú sabes que te estás muriendo. Tú matrimonio tiene muchos problemas. Las cosas no están saliendo bien. Tú estás muy consciente de que algo está mal. Tú sabes que puedes aspirar a más, sin embargo tienes miedo de dar un paso porque temes que pudieras fracasar. Si vieras las cosas correctamente, te darías cuenta de que ahorita mismo estás fracasando. Aunque tengas un ingreso garantizado, y vivas en una casa relativamente bonita, y tus circunstancias estén bien, si tú no te sientes satisfecho ni realizado en tu corazón, entonces te estás muriendo y el cambio es necesario. Si tú no te levantas por la mañana con ánimos de decir: "Gloria a Dios, este día es otra oportunidad para hacer lo que Dios me ha llamado a realizar y que las cosas en este mundo sean diferentes", entonces independientemente de que te des cuenta o no, el cambio es necesario.

Si tú quieres resultados diferentes, entonces vas a tener que hacer algo diferente. Continuar haciendo lo mismo vez tras vez, y orar por resultados diferentes, es una locura. Si quieres resultados diferentes, haz algo diferente.

El verdadero cambio empieza en el interior. Tú puedes quedarte allí donde estás para orar y pedirle a Dios que haga algo sobrenatural. Muchas personas están orando para ganarse la lotería, o algún otro juego de azar. Si eso es lo que estás creyendo, no estás siguiendo a Dios. Ésa no es la manera como Él va a satisfacer tu necesidad. Las probabilidades de que eso suceda son una en un millón. Nadie va a entrar a tu oficina a pedirte de buenas a primeras que tomes el puesto de gerente general de una de las 500 compañías más prestigiadas que aparecen en la revista *Fortune*. Así no es como funciona la vida. El cambio no se da de esa manera. Si tú quieres cambio en el exterior, ten en cuenta que el cambio empieza en el interior.

Capítulo 2
MEDITA EN LA PALABRA

Recuerdo cuando la Palabra de Dios cobró vida para mí. Fue inmediatamente después de que tuve ese encuentro transformador de vida con el Señor el 23 de Marzo de 1968. La Biblia ya no era solamente un libro sobre lo que Dios dice. Conforme la leía, sabía que el Señor me estaba hablando directamente a mí. Me enamoré de la Palabra de Dios. Cuando la estudiaba, Dios me impartía verdades. Pude darme cuenta de que el cambio se estaba dando en mi vida.

Recuerdo la manera como el Señor me habló en una ocasión y me dio una visión de lo que Él quería hacer a través de mí. Él ya había impactado mi vida, y yo sentí el llamado al ministerio. Cuando eso sucedió estaba en mi recámara en mi casa, y en ese tiempo todavía estaba soltero. Vi en mi corazón algunas de las cosas que Dios quería hacer en mi vida. Mientras estaba arrodillado frente a mi cama, y orando con mi Biblia abierta enfrente de mí, estaba muy emocionado mientras pensaba que iba a ver ciegos y sordos sanados, gente resucitar de entre los muertos—milagros de toda clase. Sabía que Dios me había llamado a enseñar Su Palabra y que las vidas de las gentes cambiarían. Era un joven de 18 años, y estaba orando por todas esas cosas.

Recuerdo que después sucedió que tuve una visión en la que estaban sucediendo varias cosas; esto incluyó que me vi a mí mismo ministrándole a la gente a través de la televisión (como lo estoy haciendo ahora). Yo vi estas cosas, y supe que iban a suceder. Sin embargo, yo era un introvertido. Ni siquiera podía ver a la gente directamente a los ojos cuando hablaba. ¿Cómo era posible que un provinciano de Texas pudiera alguna vez aparecer en el radio o la televisión? La verdad es que yo no me hubiera escogido a mí mismo para la tarea en cuestión.

¿CÓMO HAGO ESTO?

Así que ahí estaba yo, viendo en mi corazón la visión de todas las cosas que Dios me estaba llamando a hacer— viendo lo imposible que todo esto era en el ámbito natural. Estaba arrodillado al lado de mi cama, orando, y preguntando: "¿Señor, cómo paso de donde estoy ahora a donde se supone que debo ir? Me parece que la distancia es muy grande, y no tengo un camino trazado para correr por él. No sé cómo llegar allí. ¿Cómo hago esto?"

Mientras estaba orando, abrí mis ojos. Allí estaba mi Biblia abierta encima de la cama enfrente de mí. Cuando la vi, escuché que el Señor me dijo: "Si tú tomas mi Palabra y meditas en ella día y noche, entonces mi Palabra te enseñará todo lo que necesitas saber. Mi Palabra cambiará todo".

Yo sé que eso suena muy simple, pero si no hubiera sido simple, ¡no hubiera podido obtenerlo! Yo acepté lo que Dios me dijo como una instrucción de Él para mí. De ahí en adelante, me adentré en la Palabra de Dios. No pensé en todas las cosas que deberían suceder para que esa visión se realizara. Dejé de preguntar: "Señor, ¿cómo venzo mi timidez? ¿Cómo obtengo el

---

MEDITA EN LA PALABRA

dinero? ¿Cómo venzo esto y lo otro?" Me olvidé de todos esos asuntos, y me enfrasqué por largos períodos de tiempo en la Palabra de Dios. Hasta que me casé, me pasaba de diez a diez y seis horas por día estudiando la Palabra y aprendiendo las verdades de Dios. Conforme tomé la Palabra de Dios y medité en ella día y noche, ésta empezó a cambiarme.

Dios no hace acepción de personas. Si le dieras a la Palabra el primer lugar en tu vida y meditaras sobre ésta con regularidad, te cambiaría.

JOSUÉ

Eso es lo que Dios le dijo a Josué que hiciera. Él estaba a punto de asumir el puesto de líder que dejaba Moisés. Ahora bien, si te detienes y piensas al respecto, sería difícil tomar la batuta de Moisés. Josué estaba batallando con esto, y orando: "Dios, ¿qué debo hacer? ¿Cómo debo guiar a estas personas?"

El Señor respondió y le dijo: "Así como estuve con Moisés, estaré contigo. Dondequiera que pisare la planta de tu pie, a ti te daré esa tierra". Él le dio varias promesas a Josué (Jos. 1:1-7). Luego Él continuó diciendo:

Nunca se apartará de tu boca este libro de la ley.
JOSUÉ 1:8

Pues bien, en ese tiempo todo lo que se tenía eran los primeros cinco libros de la Biblia, los que Moisés había escrito.

EL CAMBIO SIN ESFUERZO

Para nosotros hoy en día, yo creo que en vez de decir "este libro de la ley", podríamos decir: "La Biblia, la Palabra de Dios..."

> *Nunca se apartará de tu boca, sino que de día y de noche meditarás en él, para que guardes y hagas conforme a todo lo que en él está escrito; porque entonces harás prosperar tu camino, y todo te saldrá bien.*
>
> JOSUÉ 1:8

Parecería que la mayoría de la gente lee este versículo al revés porque concentran su atención en prosperar y que todo les salga bien. Sin embargo, me parece sorprendente que la gran mayoría de la gente eluda la primera parte de este versículo. Su tiempo de oración se lo pasan pidiéndole a Dios: "Por favor prospera mi negocio, por favor haz que mi matrimonio tenga éxito, por favor sana mi cuerpo", pero no hacen lo que la Palabra dice. Josué 1:8 revela que la manera de obtener prosperidad y buen éxito en todas las áreas de tu vida es tomar la Palabra de Dios y meditar en ella hasta el punto de que sature lo que piensas, lo que hablas, y tu manera de actuar. Cuando la Palabra de Dios literalmente empiece a controlar tu vida, prosperarás y todo te saldrá bien físicamente, emocionalmente, en tus relaciones, en el área de dinero—en todas las áreas.

Yo soy un ejemplo vivo de esta verdad. Esto es exactamente sobre lo que mi vida está basada.

MEDITA EN LA PALABRA

ENFOCA TU ATENCIÓN

Tú podrías estar pensando: "Pero Andrew, yo tengo que trabajar. No puedo meditar en la Palabra día y noche". O podrías estar diciendo: "Tengo dos o tres niños en casa. Continuamente ando corriendo de aquí para allá, haciendo esto y lo otro. No puedo sentarme a leer mi Biblia, y dejar de poner atención a lo que está sucediendo con mis hijos". La mayoría de la gente no cree que en realidad sí se pueda mediar en la Palabra día y noche. Piensan que esto es un requisito totalmente impracticable.

La meditación es simplemente enfocar tu atención en algo hasta el punto de que ya nunca salga de tu conciencia.

La preocupación es meditación. Lo que pasa es que es una meditación sobre algo negativo o malo. Cualesquiera que sean tus obligaciones diarias—cuidar a los niños, hacer las compras, limpiar la casa, llevar a tus hijos a diferentes lugares, preparar la comida—has pasado muchos días cumpliendo con todas tus actividades, sin embargo tu mente estaba fija en: "¿Cómo voy a pagar por esto? ¿Qué vamos a hacer? ¿Me está engañando mi esposo? ¿Está con otra persona? ¿Nos estamos encaminando hacia el divorcio?" Tú fuiste capaz de hacer todas las cosas que tenías que hacer, pero aun así tu mente seguía preocupándose sobre otras cosas.

A lo mejor tienes una carrera. Tú podrías estar desempeñando tu trabajo, cualquiera que éste sea; sin embargo, aun así tu mente podría estar enfocada en: "¿Cómo se va a resolver esta situación?" Tú podrías estar sentado trabajando, y sin embargo tener algo más que esté ocupando tu mente. Te estás preocupando por eso día y noche. Si eres honesto, reconocerás que probablemente ha habido ocasiones en las que algunos problemas te han molestado hasta el punto de que sueñas con ellos. Te pasaste una noche de sueño intermitente porque tu mente todavía estaba pensando: "¿Qué voy a hacer? ¿Cómo voy a salir de esta situación?" Eso es la preocupación, que es una forma de meditación.

La parte de ti que se preocupa es exactamente la misma parte de ti que medita. La meditación es el lado positivo.

Si tienes niños en casa, o tienes un trabajo que debes desempeñar, estaría mal de tu parte que te sentaras a estudiar la Palabra diez y seis horas por día. Eso querría decir que no estás cumpliendo con tu familia, con tu jefe, o con tu empresa—con las responsabilidades que tienes. Pero sí puedes tomar un pasaje de las Escrituras, leerlo, y luego meditar sobre eso el resto del día y de la noche. Tú podrías estar pensando en la Palabra de Dios y considerar: "¿Cuál es la aplicación de esto para mí?" mientras andas realizando tus actividades diarias.

¡CREE!

Hace poco estaba estudiando la vida del rey Josafat en 2 Crónicas 20. Él había sido fiel al Señor y le había servido, sin embargo hubo tres naciones que lo atacaron. Los ejércitos de estas tres naciones se unieron de tal manera que al rey Josafat le pareció que era una fuerza avasalladora. Parecía que no había manera de que pudieran ganar él y su gente. Así que Josafat construyó una plataforma, reunió a toda la gente, y habló con estas personas. Él se paró en la plataforma, levantó sus manos al cielo enfrente de toda la gente, y empezó a orar. Él dijo: "Dios, no tenemos ninguna ayuda, ningún poder en contra de esta gran multitud que se ha unido contra nosotros. Nuestra única ayuda está en ti. Aquí estamos. Te estamos esperando a Ti. ¡Dios, necesitamos que hagas algo!"

En medio de su oración, un profeta se levantó y profetizó: "Tú ni siquiera vas a tener que pelear en esta batalla. Por la mañana, reúne tus tropas. Irás y descubrirás que la batalla ya ha sido ganada". Entonces…

> *Josafat, estando en pie, dijo: Oídme, Judá y moradores de Jerusalén. Creed en Jehová vuestro Dios, y estaréis seguros; creed a sus profetas, y seréis prosperados.*
>
> 2 CRÓNICAS 2:20

Él pronunció palabras poderosas de fe, diciendo: "¡Crean en la Palabra de Dios!" Entonces todas las gentes se levantaron muy temprano la mañana siguiente y fueron al encuentro de esos tres ejércitos que venían a atacarlos. No solamente dijeron que creían en Dios; lo comprobaron al actuar de acuerdo a su fe poniendo a los cantores al frente.

Conforme he estado meditando en este pasaje de las Escrituras, he pensado: "¡Qué milagro!" Algunas personas leen las historias bíblicas como si no hubieran sucedido en realidad, o piensan que sucedieron hace mucho tiempo o que esas cosas le pasaron a otra persona en algún otro lugar de manera que no les conciernen. No te limites a leer la información solamente, empieza a pensar al respecto. Pregunta: "Dios, ¿qué tal si yo hubiera sido Josafat? ¿Cómo habrían reaccionado los soldados al decirles que se pasaran hacia atrás para poner al coro al frente? ¿Cómo se habría oído su canto: 'Glorificar a Jehová porque su misericordia es para siempre' cuando salieron a enfrentar a los tres ejércitos (2 Cr. 20:21)—más de un millón de personas armadas hasta los dientes?"

Una cosa es leerlo, otra meditarlo. Yo leí esos pasajes de las Escrituras una y otra vez por dos o tres días. Cuando hago eso regreso a esos mismos pasajes y me paso de treinta minutos a una hora leyendo, buscando referencias, y juntando información. Luego me paso tiempo meditando sobre eso durante el día. Una vez estaba en un avión viajando para ir a un seminario de La Verdad del Evangelio. Mis ojos estaban cerrados, pero estaba pensando sobre el gran paso de fe que eso representó para Josafat, y cómo lo recompensó Dios.

TODO LO QUE NECESITAS

Como era de esperarse, cuando subieron al monte vieron que esos tres ejércitos habían guerreado unos contra otros. Dos de esos ejércitos se habían puesto de acuerdo para aniquilar al tercero. Entonces, después de que habían destruido por completo a ese ejército, los dos primeros ejércitos empezaron a combatir uno contra otro. Los dos últimos guerreros que al final habían quedado de pie, se mataron entre sí. O sea, cuando los ejércitos de Israel subieron al monte, vieron que no había nada más que cadáveres. Encontraron tanto oro, plata, y ropa que toda la nación de Israel se pasó tres días recogiendo el botín.

La mayoría de la gente lee una historia como ésa y dicen con indiferencia: "Oh, hubo una gran victoria por confiar en Dios", pero tú puedes sacar de este pasaje verdades tremendas. Allí estaba Josafat, parecía que su vida y su reino estaban a punto de ser exterminados. En medio de todo eso, él llamó a Dios. El Señor le dio una profecía. Él la creyó, y menos de veinticuatro horas después de que empezó a confiar en Dios, la misma situación que parecía que sería la destrucción de la nación terminó siendo una de las mejores cosas que han sucedido. Ni siquiera tuvieron que desenvainar una espada. Salieron y juntaron mucho botín, y Josafat lo dedicó todo para el templo. Antes de esta ocasión, otras personas habían entrado y se habían robado todo el oro y la plata. A través de la fe en Dios, Josafat vio cómo esa situación que parecía que iba a ser su destrucción resultó ser precisamente lo que Dios usó para proporcionar los recursos que necesitaban para restaurar el templo. ¡El resultado fue estupendo!

Después de leer esas escrituras durante varios días, medité en ellas, pensando que esas verdades se aplicaban a mi vida y a algunos de los problemas que estaba enfrentando; y que parecían indicar el fin de los ministerios Andrew Wommack. Sin embargo había estado pensando que de la misma manera como Dios hizo eso por Josafat, Él podría hacerlo por mí. Y esa situación que parecía que podría destruirme, podría resultar ser una de las mejores cosas que me hubieran sucedido.

Conforme meditas en la Palabra, la fe surge. Mucha gente se pierde esto porque leen la Palabra, pero no meditan sobre ella. Así que, puede ser que no todos los que están leyendo esto puedan dedicar mucho tiempo a la Palabra pero todos pueden meditar acerca de ella día y noche.

Sin importar cuáles sean tus circunstancias o tus problemas, todo lo que se interpone entre tú y la victoria absoluta no es más que una palabra de Dios. El Señor sabe exactamente dónde te encuentras y cómo llevarte a donde se supone que debes estar. Todo lo que necesitas es una pequeña instrucción, la revelación de la sabiduría de Dios. ¡Todo lo que necesitas es una palabra de Dios!

Capítulo 3

DIOS ES EL QUE ESTÁ HABLANDO

Dios no está preocupado preguntándose cómo te va a sacar de ese apuro. Hay una solución simple para cada persona. Nuestro problema más grande es nuestra incapacidad para escuchar la voz de Dios. El recurso para conocer lo que Dios dice es la lectura de Su Palabra. Si nos adentráramos en la Palabra y meditáramos en ella, el Señor nos hablaría. Él podría darnos sabiduría y guía.

Yo trato con toda clase de personas alrededor del mundo. Las personas varían mucho en cuanto a la madurez. Cuando me escuchan hablar de esto muchos de ellos asienten con la cabeza y me dicen: "Sabemos que ésta es la Palabra de Dios, y que tiene nuestras respuestas". Esas personas afirman eso porque saben que eso es lo que se supone que deben decir. Pero en la práctica, la mayoría de la gente verdaderamente no cree que pueda resolver sus problemas en el trabajo, en el hogar—en cualquier lugar—con la Palabra de Dios.

SABIDURÍA E INSTRUCCIÓN

En el capítulo 1, Salomón describe por qué escribió el libro de Proverbios.

> *Para entender sabiduría y doctrina, para conocer razones prudentes, Para recibir el consejo de prudencia, justicia, juicio y equidad; para dar*

sagacidad a los simples, Y a los jóvenes inteligencia
y cordura.

PROVERBIOS 1:2-4

Él dijo que lo hizo para dar sabiduría al simple y razones prudentes a los que no las tienen. Luego habló sobre el bien que te traerá y el mal que te ayudará a evadir. Las solas verdades contenidas en el libro de Proverbios te instruirán en relación a muchas cosas.

Los labios del necio traen contienda; y su boca los
azotes llama.

PROVERBIOS 18:16

Esto no está hablando solamente de tus talentos y capacidades. Literalmente está hablando de un regalo—el presente que se le da a una persona. El lado negativo de esta verdad es el soborno. Es fácil comprender cómo el soborno puede afectar a la gente y cambiar las cosas. Los regalos también tienen un potencial tremendo para ejercer una influencia positiva.

Otro proverbio dice:

Echa fuera al escarnecedor, y saldrá la contienda,
y cesará el pleito y la afrenta.

PROVERBIOS 22:10

Yo he aplicado esto en mi propio ministerio. Cuando hay problemas entre la gente, voy a la persona que es la raíz del

DIOS ES EL QUE ESTÁ HABLANDO

problema. Echa fuera al escarnecedor—a la persona crítica que está causando agitación—y la contienda, la afrenta y el pleito cesarán.

UNA REPRESENTACIÓN PERFECTA

A través de la Palabra de Dios, tú puedes aprender cómo tratar con la gente. Puedes aprender sabiduría si tú eres el jefe, un empleado, o un vendedor. Si eres un padre o una madre y estás batallando con tus hijos, hay una abundancia de información en la Biblia. Todavía no me he topado con algún problema en la vida para el cual la Palabra de Dios no proporcione una respuesta. Y si tú tomas la Palabra, meditas en ella, y pones este conocimiento en tu interior, entonces el Espíritu Santo, en el momento adecuado, vivificará las cosas para ti y te mostrará lo que debes hacer.

Dios me habla a mí de esta manera. Esto es lo que hace que mi vida funcione bien. Lo que ha cambiado mi vida es mi amor por la Palabra de Dios.

Algunas veces recibo críticas y la gente dice: "Tú amas más la Palabra de Dios que a Dios". ¡Yo no los separo! Jesús es la Palabra hecha carne que habitó entre nosotros (Jn. 1:14). Cuando yo me refiero a la Palabra de Dios, no estoy hablando solamente de un libro físico. Tú puedes arrancar una página de la Biblia, inclusive hasta un libro entero, pero no has cambiado la Palabra de Dios. Las palabras contenidas en la Biblia representan perfectamente el corazón de Dios.

Cuando leo la palabra, no soy yo el que está leyendo un libro sobre Dios. ¡Es el Señor escribiéndome a mí! Inclusive algunas de las cosas que fueron dichas a otras personas hace miles de años, Él me las dice a mí hoy.

"TE DARÉ LO QUE SEA"

El Señor le dijo a Jeremías:

> *Antes que te formase en el vientre te conocí, y antes que nacieses te santifiqué, te di por profeta a las naciones.*
>
> JEREMÍAS 1:5

Algunas personas leen eso y dicen: "Pues bien, esto fue algo escrito específicamente para Jeremías hace más de tres mil años. ¡Sin embargo, aquí estás tú emocionándote por eso como si hubiera sido escrito para ti!".

Puedo decirte el tiempo y el lugar exactos donde Dios me dijo eso a mí. Estaba yo en uno de los departamentos de los de Kingsley Place en Dallas, Texas, en 1973. Yo leí esos versículos y me fui a dormir; pero no podía quedarme dormido (que era algo muy raro para mí). Me pregunté: "¿Qué está pasando?" Después, de repente, la presencia de Dios se manifestó en ese cuarto. Esto sucedió poco tiempo después de que Jamie y yo nos habíamos casado. Me levanté y me fui a la sala. El Señor vino a mí y dijo, así como lo había hecho con Salomón: "Te daré cualquier cosa que pidas". Así que contesté diciendo: "Quiero la capacidad para predicar tu Palabra de una manera tan eficaz, que cambie las vidas de las gentes". Después Él me tocó, y me guió a Jeremías 1:5, diciendo:

Antes que te formase en el vientre te conocí, y antes que nacieses te santifiqué, te di por profeta a las naciones.

JEREMÍAS 1:5

Luego continuó hablándome y me dijo:

He aquí yo pongo mis palabras en tu boca por fuego, y a este pueblo por leña, y los consumirá.

JEREMÍAS 5:14

Sí, es verdad que Dios le habló estas palabras a Jeremías hace miles de años, pero Él también me las dijo a mí. Son mías. Puedes decir lo que quieras, pero está funcionando para mí. Estoy viendo que el poder de Dios se manifiesta. Éste es el medio importante por el que Dios me ha hablado en mi vida—Su Palabra.

VIVO, NO MUERTO

Algunas gentes dicen: "Pues bien, yo quiero que Dios me hable fuera del contexto de Su Palabra". Yo personalmente no necesito eso. Yo verdaderamente creo que Dios inspiró a varias personas para que registraran Su Palabra. Muchos otros han dado sus vidas para preservarla. Hay mucha gente que no valora la Palabra de Dios. No la honran ni la respetan por lo que es—Dios hablándonos a nosotros. Es por eso que no obtienen el beneficio de la Palabra que yo obtengo. Créeme, la

Palabra de Dios tiene en sí misma todo lo que necesitas para tener éxito. Si hiciéramos lo que la Palabra dice, y meditáramos en ella día y noche, prosperaríamos y nos iría bien. (Jos. 1:8).

La persona común y corriente no cree esta verdad. Por eso no medita en la Palabra día y noche, lo cual es la razón por la que no prospera ni tiene más éxito del que está teniendo.

Muchos Cristianos no honran la Palabra de Dios ni la ven como si literalmente fuera Dios el que les está hablando. Cuando la leen, más bien lo hacen como si fuera una obligación o un deber religioso. No la leen con la expectativa de que Dios va a hablarles.

Cuando yo abro la Palabra de Dios, literalmente considero que es Dios el que me está hablando—y así es. La Biblia está viva, no está muerta (He. 4:12). Hay una diferencia entre este libro y cualquier otro libro. Por eso es que yo opto por no leer muchas otras cosas. A lo mejor leo uno o dos libros en un año, y eso principalmente porque hay muchas personas presionándome para que lea sus libros. Normalmente éstas son personas que me caen bien y yo sé que tienen algunas cosas buenas que decir. Sin embargo, lo que yo deseo es la Palabra. Todo lo que yo necesito está precisamente aquí en la Palabra.

Recientemente en una de mis reuniones en California un hombre me abordó. Me dijo que verdaderamente había disfrutado la ministración, que el mensaje lo había bendecido, y que él nunca antes había escuchado las verdades que yo compartí ese día. Como él era un científico, me dijo: "Deberías

DIOS ES EL QUE ESTÁ HABLANDO

leer este libro y este otro sobre la ciencia y la Biblia. Así tú podrías llegar al punto de que puedas abordar el estudio de la Biblia con una perspectiva científica y así podrías contestar toda clase de preguntas", y cosas por el estilo. Él me dio varios libros, y verdaderamente quería que los leyera.

EL CRITERIO PARA DISCRIMINAR

Finalmente, como él continuaba presionándome mucho, tuve que replicar. No lo hice por enojo o algo parecido. Yo le dije: "La manera como la gente aprende a reconocer los billetes falsos no es estudiando todas las falsificaciones. Hay tantas maneras diferentes de falsificar billetes que no es posible conocer todo lo que ha sido falsificado. En cambio, a la gente que va a tener la responsabilidad de decidir cuáles billetes son falsos y cuáles no, le dan el criterio para poder discriminar entre un billete verdadero y uno falso. Estas personas estudian la fibra, el peso, la textura, la apariencia—todo lo relacionado con los billetes verdaderos. En el proceso se familiarizan tanto con los billetes verdaderos que son capaces de reconocer instantáneamente una falsificación".

"Así es como me siento al respecto. Me voy a familiarizar tanto con Dios a través de Su Palabra que no tendré que ir con una persona o aprender esto, y aquello. Voy a tener tanta unicidad de propósito, a estar tan enfocado en la Palabra de Dios, que no tendré que tener todas esas cosas adicionales".

Yo me doy cuenta que esto es muy diferente de la manera de vivir de la mayoría de la gente. La mayoría de la gente

EL CAMBIO SIN ESFUERZO

recomienda leer un libro por semana, o un libro por mes, o algo así. No estoy diciendo que está mal o que es del diablo. ¡Solamente estoy diciendo que hay una diferencia definitiva entre el libro de cualquier autor y la Palabra de Dios!

Yo he escrito libros. De hecho, tú estás leyendo uno ahora mismo. Así que no estoy en contra de los libros. Pero hay una diferencia entre mis libros y la Palabra de Dios. La única razón por la que me gustan tanto mis libros es porque están repletos de la Palabra de Dios. De hecho mi propósito al escribir libros simplemente es explicar las verdades y compartir ejemplos personales para poder ayudarle a la gente a comprender la Palabra de Dios. Sin embargo, no me molestaría en lo más mínimo si tú evadieras todos mis libros y en cambio meditaras únicamente en la palabra de Dios día y noche. Sería mejor para ti.

Toma la Palabra de Dios. Medita en ella día y noche. Llega al punto de que la Palabra de Dios es más real para ti que la persona que está sentada al lado tuyo en el autobús. Que cuando estás en tu trabajo, aunque interactúas con la gente y estás haciendo bien tu trabajo, la verdad es que tú constantemente estás pensando en versículos y en lo que Dios te está diciendo. Estás meditando en la Palabra de Dios y estás tratando de aplicarla a diferentes circunstancias y situaciones. Si tú haces eso, prosperarás más por accidente de lo que con anterioridad lo has hecho a propósito.

PON ATENCIÓN

Los Proverbios dicen:

DIOS ES EL QUE ESTÁ HABLANDO

Hijo mío, está atento a mis palabras; inclina tu oído a mis razones.

PROVERBIOS 4:20

"Está atento a mis palabras" simplemente significa poner atención.

Seguramente en alguna ocasión tú estuviste en la escuela cuando el maestro estaba enfrente hablando. Aunque tú lo estabas viendo directamente, no le estabas poniendo atención a sus palabras. Lo que decía estaba entrando por una oreja y saliendo por la otra. Tú estabas en la luna. Estabas enfocado en otra cosa.

De igual manera, mucha gente lee pasajes de las Escrituras con displicencia. Tú podrías leer un capítulo entero de la Palabra, y cerrar tu Biblia tan pronto como terminaras. Yo podría acercarme a ti inmediatamente y preguntarte: "¿Qué capítulo estabas leyendo? ¿En qué libro de la Biblia se encuentra?" Te puedo asegurar que no podrías decirme qué fue lo que leíste. No estoy tratando de condenarte. Sólo quiero que te des cuenta que eso no es atender a Sus palabras.

LA VIDA Y LA SALUD

Siempre que enfatizo lo importante y poderosa que es la Palabra de Dios, la gente siempre me responde y dice: "He estudiado la Biblia. He leído la Palabra. Es más, he leído toda la Biblia y no ha hecho por mí lo que tú dices". Tú debes hacer lo que Proverbios 4 dice; a saber: que debes atender a estas palabras e inclinar tu oído.

La frase "inclinar tu oído" no te está diciendo que cambies la posición de tu cabeza. Está hablando de escuchar con tu corazón. Está hablando de enfoque y compromiso. Tú debes escuchar la Palabra de Dios con tu corazón, no solamente con tu cabeza.

Dale un valor y una prioridad muy altos a la Palabra de Dios. Empieza a tomar cada una de estas palabras como si viniera directamente de Dios para ti. Ponle atención. Inclina tu oído a ella. Después empezarás a obtener los resultados que estoy describiendo.

> *Hijo mío, está atento a mis palabras; Inclina tu oído a mis razones. No se aparten de tus ojos; guárdalas en medio de tu corazón; porque son [las palabras de Dios] vida a los que las hallan, y medicina a todo su cuerpo.*
>
> PROVERBIOS 4:20-22

La Palabra de Dios es vida. No importa lo grave de la situación en la que estés: ¡La Palabra de Dios es vida y salud para toda tu carne!

DIOS ES EL QUE ESTÁ HABLANDO

Capítulo 4
TRANSFORMADO

S i tú estás batallando con la depresión, es porque no estás meditando en la Palabra de Dios día y noche. Romanos 8:6 revela:

Porque el ocuparse de la carne es muerte, pero el ocuparse del Espíritu es vida y paz.

Si tienes muerte obrando en ti de cualquier forma—incluyendo la depresión, el desánimo, la cólera, el rencor, la amargura, etc.—es porque has plantado semillas de muerte. No digo eso para condenarte, sino más bien para iluminarte y mostrarte dónde está el problema.

Acuérdate que, yo no tengo que estar contigo cuando plantas un jardín para ver qué plantaste. Todo lo que tendría que hacer es estar presente cuando las plantas empiecen a crecer (capítulo 1). Si tú tienes muerte en tu vida—si estás deprimido, desanimado, enojado, o amargado—es porque no has estado meditando en la Palabra de Dios. La mente puesta en el Espíritu solamente produce vida y paz.

TÓMATE UNA DOSIS DE LA PALABRA

Jesucristo dijo:

El espíritu es el que da vida; la carne para nada aprovecha; las palabras que yo os he hablado son espíritu y son vida.

JUAN 6:63

Puesto que la Palabra de Dios es espíritu, poner la mente en el espíritu es poner la mente en la Palabra de Dios. Si tú tuvieras la mente puesta en la Palabra de Dios, lo único que produciría sería vida y paz.

Tú guardarás en completa paz a aquel cuyo pensamiento en ti persevera; porque en ti ha confiado.

ISAÍAS 26:3

Alguien podría decir: "Pero he hecho todas estas cosas, y todavía tengo unos problemas terribles en mi vida". A lo mejor tú has leído la Palabra de Dios o has escuchado a alguien más citarla, pero tú no le has puesto atención. No has inclinado tu oído ni has guardado Sus razones en medio de tu corazón (Pr. 4:20-22). Tú le has permitido a tus ojos que se aparten y que se enfoquen en otras cosas. Si tú haces lo que la Palabra dice, lo único que producirá serán los resultados que la Palabra dijo que producirá. Proverbios 4:20-22 revela que la Palabra de Dios será vida para aquellos que encuentren Sus razones, y salud para toda su carne.

Literalmente miles de personas han venido a verme con enfermedad en sus cuerpos y me han preguntado: "¿Podrías orar por mí?" Sí, voy a orar por ti. ¿Pero qué es lo que hago yo, que soy el que está orando por todos los demás, cuando me enfermo? ¿Corro a ver a alguien cada vez que me quiere dar una enfermedad? No, voy a la Palabra de Dios. Así como cuando tú tienes dolor, te tomas una pastilla, cuando yo tengo dolor, me tomo una dosis de la Palabra de Dios. Yo tomo la Palabra de Dios.

LA SALUD FLUYE A TRAVÉS DE MÍ

Cada vez que los síntomas me pegan, los resisto, los reprendo, y verbalizo mi fe. Normalmente, eso soluciona todo. He vivido por más de cuarenta años en salud divina. Una vez me tomé un par de aspirinas después de que me extrajeron un diente, y en otra ocasión me había debilitado tanto después de que ministré 82 veces en dos semanas que contraje una sinusitis por un par de días; pero eso ha sido todo. Yo no me enfermo. No creo en la enfermedad. Pero he tenido síntomas que me han afectado. Perduran por una o dos horas. Si no veo resultados instantáneos cuando inmediatamente los reprendo, entonces tomo la Palabra de Dios. Empiezo a estudiar versículos que ya conozco, como 1 Pedro 2:24, que dice que por Sus llagas, yo fui sano. No es suficiente citarlas de memoria. Yo vuelvo a buscarlas en la Biblia a causa de este principio: las palabras de Dios son vida a los que las hallan, y medicina a todo su cuerpo (Pr. 4:22). ¡La Palabra de Dios es salud para toda tu carne!

Envió su palabra, y los sanó, y los libró de su ruina.
SALMO 107:20

Si necesito sanidad en mi cuerpo, tomo la Palabra de Dios y medito en ella. Yo me como esas palabras porque son

EL CAMBIO SIN ESFUERZO

vida y salud para toda mi carne. Hasta podría citarlas, pero aun así voy a la Biblia y las estudio. Conforme lo hago, la Biblia revela que:

> *La fe es por el oír, y el oír, por la palabra de Dios.*
> ROMANOS 10:17

Date cuenta de que este versículo no dice: "La fe fue por el oír". No. Está en tiempo presente. Debemos escuchar la Palabra de Dios continuamente. Cuando medito en esos versículos, avivo la fe que ya está en mi interior (Ro. 12:3). Conforme empiezo a meditar en ellos, la salud fluye a través de mí.

En los últimos cuarenta años solamente me he pasado a lo mucho unas cuantas horas con algún síntoma de enfermedad en mi cuerpo. He superado huesos fracturados, inflamación, luxaciones, fiebres, malestar de estómago, y náusea. De hecho tengo un diagnóstico de un doctor que dice que tenía una enfermedad incurable. Sin embargo, en unas cuantas horas después de esa visita al doctor, estaba totalmente sano. He operado de esta manera por décadas, y funciona.

Esto es lo que la Palabra de Dios enseña sobre sí misma. Sin embargo, la mayoría de la gente, hasta los que dicen: "La Palabra de Dios es importante", realmente no viven de esta manera. No meditan en la Palabra día y noche. Ésa es la razón por la que no tienen buen éxito y no están sanos.

MANIFESTADA

Dios usó los primeros dos versículos de Romanos 12 para transformar totalmente mi vida. Éste fue el primer pasaje de las Escrituras que alguna vez había cobrado vida para mí y sucedió en 1967. Estos versículos me impactaron tan profundamente que literalmente cambiaron el curso de mi vida.

> *Así que, hermanos, os ruego por las misericordias de Dios, que presentéis vuestros cuerpos en sacrificio vivo, santo, agradable a Dios, que es vuestro culto racional. No os conforméis a este siglo, sino transformaos por medio de la renovación de vuestro entendimiento, para que comprobéis cuál sea la buena voluntad de Dios, agradable y perfecta.*
>
> ROMANOS 12: 1-2

Eso es lo que estaba buscando en mi vida. Yo quería conocer la voluntad de Dios. Así que busqué el significado de la palabra "**comprobar**", que significa entre otras cosas hacer que algo sea evidente a los sentidos físicos. Eso era exactamente lo que yo quería. Dios ya tenía un plan para mi vida. Yo creía eso. Sólo que no sabía qué era. No era evidente a mis sentidos físicos. Yo creía que el plan existía—en alguna parte. Pero quería que se manifestara. Así que por meses me enfoqué en este pasaje de las Escrituras. Quería el resultado prometido al final del versículo dos, que dice que yo haré que se manifieste a mis cinco sentidos la buena, la agradable, y la perfecta voluntad de Dios; así que me regresé al primer versículo y al principio del segundo versículo para ver qué era lo que tenía que hacer para lograrlo.

El versículo 1 transformó radicalmente mi vida y me dio una dirección totalmente nueva. Después de que medité sobre él por tres meses y medio, tuve una experiencia en la que Dios derramó Su amor en mi vida. Eso sucedió el 23 de Marzo de 1968. Literalmente cambió el curso de mi vida. Desde entonces nunca he vuelto a ser el mismo de antes.

Aunque esa experiencia fue muy importante, me habría perdido el beneficio de un encuentro con Dios si no hubiera continuado mi crecimiento en el conocimiento de la Palabra de Dios. A lo mejor tú estás batallando para entender eso, pensando: "Oh, si verdaderamente pudiera tener un encuentro con Dios. Si tuviera una visión o si el Señor se me apareciera, entonces mi vida no sería la misma". Yo he tenido unos encuentros milagrosos con Dios, pero te aseguro que no puedes vivir de una experiencia o de unas emociones. Han pasado más de cuarenta años desde que encontré a Dios de esa manera. Si sólo estuviera viviendo de una experiencia que me sucedió hace más de cuarenta años, hoy sería ineficaz, estaría como muerto y sin vida. Ese encuentro me activó. Me abrió los ojos y me dio una visión. Me proporcionó motivación. Eso fue bueno, y alabo a Dios por eso, pero lo que verdaderamente cambió mi vida fue Romanos 12:2.

No os conforméis a este siglo, sino transformaos por medio de la renovación de vuestro entendimiento, para que comprobéis cuál sea la buena voluntad de Dios, agradable y perfecta.

TRANSFORMADO

Esto es lo que me sucedió a mí: he sido transformado por la renovación de mi mente. Tuve esa experiencia sobrenatural, la que captó mi atención, cambió mis deseos, y empezó a moverme en una dirección nueva. Sin embargo, fue la renovación de mi mente a través de la Palabra de Dios lo que me ha transformado de una manera completa, profunda, y total. Yo le atribuyo todo el poder y la victoria que he experimentado al hecho de que la Palabra de Dios haya cobrado vida y que me haya hablado a mí.

FUNDIDO

El versículo 2 dice:

No os conforméis a este siglo.

La palabra Griega que aquí se tradujo como "conformar" literalmente significa vaciar en el molde.

Tú no vas dejar esta vida como llegaste. Tú viniste como un bebé—inocente, ingenuo, sin un plan para tu vida. Pero para después de que hayas vivido veinte, cuarenta, sesenta, o los años que sean, las presiones de esta vida te van a fundir. Cada uno de nosotros va a ser fundido. Cambiarás de apariencia, forma y dirección. Sin embargo, la buena nueva es ésta: Tú puedes escoger a qué molde te adaptarás.

Las presiones de la vida tienden a hacernos encajar a todos en el molde del mundo del pesimismo. Pierdes tus sueños y tus metas. Albergas rencor y te llenas de amargura. Ése es el molde en el que los problemas en esta vida están tratando de obligarte

---

EL CAMBIO SIN ESFUERZO

a encajar. Pero tú no tienes que meterte a ese molde. Tú puedes
escoger ser transformado.

La primera vez que verdaderamente comprendí este
concepto fue el día que yo y mis compañeros soldados recibimos
órdenes de embarcarnos con rumbo a Vietnam. Al igual que
la mayoría de mis compañeros, yo era un adolescente. A los
diecinueve años de edad, ya había recibido mi entrenamiento
de infantería. Cada uno de nosotros, con la excepción de uno,
recibimos órdenes de ir a Vietnam. Inmediatamente, la mayoría
de esos jóvenes se llenaron de temor y empezaron a llorar.

Conforme escribo esto hoy en día, estamos en guerra con
Irak. Muchos valerosos hombres y mujeres han dado su vida
por la libertad. Cada uno tiene una historia, una familia amada,
amigos que los extrañan, y sueños y esperanzas que no se han
realizado. Sin embargo, el volumen total de sangre americana
que fluyó en Vietnam hace que en comparación las 1,700
muertes que se han dado en dos o tres años en Irak palidezcan.
Aunque los carros con bombas y otros peligros en Irak son algo
grave, no es nada comparado con lo que estaba sucediendo en
aquel entonces en Vietnam. Había morteros, bombas, minas, y
gente armada atacándote. Cuando te embarcaban con rumbo
a Vietnam, tú sabías que ibas a tener contacto con el enemigo.
Debido a esto los reclutas se estaban desmoronando como
castillos de arena, a diestra y siniestra.

Después de que recibimos nuestras órdenes, y todos esos
hombres jóvenes andaban llorando por toda la sala, el capellán
entró e hizo esta declaración: "Ir a Vietnam es como entrar a un

horno, y te va a fundir. Pero tú puedes escoger en cuál molde vas a encajar. Esto no tiene que ser una experiencia negativa que te destruya. Puede ser una experiencia positiva". Dios usó las palabras de ese capellán para hablarme directamente a mí.

RENUEVA TU MENTE

A lo mejor tú no eres un soldado que está en medio de una zona de guerra, pero en esta vida habrá presiones que surgirán en tu contra y te fundirán. Sin embargo, es tu decisión ser o no como otras personas que se hacen negativas, amargadas, y rencorosas. Tú escoges si vas a murmurar y a quejarte, o si vas a permitir que esas cosas te lleven al Señor y que te hagan más fuerte y más estable en tu compromiso con Dios. ¿Qué escoges?

No os conforméis a este siglo, sino transformaos por medio de la renovación de vuestro entendimiento, para que comprobéis cuál sea la buena voluntad de Dios, agradable y perfecta.

ROMANOS 12:2

La palabra Griega que se tradujo aquí como "**transformar**" es *metamorphoo*. Es la palabra de la que derivamos nuestra palabra inglesa "metamorphosis". Un gusano teje un capullo, y después de un tiempo, sale de éste una hermosa mariposa. Si tú quieres ser transformado de algo espeluznante, rastrero, y reptante en algo hermoso que puede volar, tú necesitas metamorfosearte. ¿Quieres cambiar y dejar de ser débil, inferior, y de estar limitado por toda clase de problemas para convertirte en alguien que libera y experimenta la vida abundante de Dios

EL CAMBIO SIN ESFUERZO

desde su interior? La Palabra de Dios revela que la manera de hacer esto es la renovación de tu mente. Tú debes renovar tu mente con la Palabra de Dios.

Tú no puedes poner tu mente en blanco y no pensar en nada. Algunas veces cuando tú le preguntas a alguien qué está pensando, esa persona te contesta: "Nada". La verdad es que estaba pensando en algo. Tú no puedes dejar de pensar. Tu mente constantemente está activa. Inclusive cuando estás dormido, tu mente subconsciente inspira sueños. Ya sea que estés despierto o no, tú no puedes poner tu mente en blanco y dejar de pensar. Todo lo que puedes hacer es escoger lo que piensas—las cosas del Señor, o las cosas del mundo.

Las cosas del mundo podrían ser simplemente cosas físicas, y naturales. Ni siquiera tienen que ser cosas demoníacas—películas pornográficas, películas con clasificación R, cosas terribles e impías. Hasta podrían ser cosas decentes. No tienen que ser cosas malas. Ocúpate con ellas y nunca experimentarás esta transformación.

LO MÁS GRANDIOSO

Si tú quieres ser transformado, como una oruga se transforma en una mariposa, la manera como lo haces es enfocando tu mente en Dios a través de Su Palabra. Si tú deseas ser vaciado en Su molde, lo haces por la Palabra de Dios. No hay otro sistema que Dios haya establecido.

Ahora bien, tú puedes experimentar la presencia de Dios. Él nos ama, especialmente en los tiempos de crisis, podemos suplicarle y Él nos dará lo que necesitamos. Algunas personas dicen que eso es una aparición. Tú podrías tener un encuentro con el Señor. Dios podría hablarte y eso impactaría tu vida. Pero te garantizo que esas experiencias de tipo emocional solamente duran por un corto período de tiempo. Nunca serás capaz de sostener una relación con Dios sólo en un nivel emocional.

Tú tienes que renovar tu mente. Si quieres una transformación que perdure y quieres ver que tu vida cambie debes ser transformado por la Palabra. Tú debes renovar tu mente. Algunas personas dicen: "Eso me parece muy limitativo". A mí, me parece maravilloso. Me gusta mucho porque es muy simple. Medita en la Palabra día y noche (Jos. 1:8). Mantén al Señor y Sus verdades en tus pensamientos. Medita sobre Sus verdades vez tras vez, manteniendo tu mente enfocada en el Señor—y no en las telenovelas. Si tú mantienes tu mente enfocada en el Señor a través de meditar en Su Palabra, entonces sin esfuerzo—automáticamente—tu vida empezará a cambiar.

Algunas personas verdaderamente batallan para creer que esto es verdad. Si tú eres una de ellas, no critiques esto hasta que lo hayas probado. Yo lo he probado. Me he pasado miles, decenas de miles, o quizá hasta centenas de miles de horas meditando en la Palabra de Dios.

No hay nada que me anime ni me inspire más que estar en la Palabra de Dios y escuchar que Dios me habla. De repente reconozco una aplicación a mi propia vida de los principios

EL CAMBIO SIN ESFUERZO

que veo en las Escrituras o en la vida de algún personaje de la Biblia. Dios establece una conexión directa entre Su Palabra y mi vida. Lo más grandioso en la vida para mí se da cuando veo o experimento que Dios me está hablando a través de Su Palabra.

UN PRODUCTO DERIVADO, NO UNA CAUSA

Muchos Cristianos no piensan así. Han leído la Biblia. A lo mejor no los aburrió, pero no les resultó más estimulante que una novela. Personalmente, creo que los temas de la Palabra de Dios le ganan a cualquier novela, cualquier intriga que alguien pudiera inventar. La Biblia está llena de muchas cosas maravillosas. Sin embargo, muchos Cristianos la leen como si nada más fuera un libro y no tienen un encuentro con Dios ni reciben de Él como Él quiere que lo hagan. No podrían decir con honestidad que pasar tiempo con Dios a través de Su Palabra es la cosa más emocionante que hayan hecho.

Yo verdaderamente puedo decir que la emoción y el gozo más grandes que he tenido en mi vida los he experimentado al estar a solas con Dios estudiando Su Palabra. De repente me conecto con el corazón de Dios. Percibo lo que Él me está diciendo a través de las Escrituras. Dios me da una revelación directa. Verdaderamente puedo decir que eso es lo mejor que me ha sucedido en mi vida. He visto a varias personas resucitar de entre los muertos, incluido mi propio hijo. He visto manifestarse grandes milagros y sanidades. No estoy diciendo que estas cosas no son maravillosas y excitantes. Lo son. Pero es la Palabra de Dios y mi relación con Él a través de Su Palabra lo que ha causado que todas esas cosas sucedan. Son un producto derivado, no la causa. Renovar mi mente con la Palabra de Dios es lo que ha producido un cambio positivo en mi vida.

Si tú quieres ser transformado de esta manera, el modo de hacerlo consiste en tomar la Palabra de Dios y meditar en ella día y noche. Permanece en ella, y te cambiará. ¡Ahora bien, eso sí es emocionante!

Capítulo 5

CONVIRTIENDO EL ALMA

Yo recuerdo vívidamente lo que estaba sucediendo en mi vida cuando el Señor me mostró la importancia de Su Palabra. Yo acababa de hacer un compromiso con Él. Conforme lo busqué, percibí que Él me dijo que me diera de baja en la Universidad. Eso sucedió durante la guerra de Vietnam, así que para mí seguirlo significó que inmediatamente iba a ser reclutado y embarcado con rumbo a Vietnam. También iba a perder el ingreso del seguro social que había estado recibiendo desde la muerte de mi papá. Yo podía recibir esa pensión mientras estuviera en la escuela. Así que en mi caso seguir al Señor me costó dinero. Esa decisión me envió a una zona de guerra donde era muy posible que me mataran. Además, todas las personas a las que hasta ese entonces yo admiraba me dijeron de una manera u otra: "Esto no es de Dios". Me dijeron que esto era del diablo y que si iba a ser un predicador, entonces necesitaba estudiar en una escuela Bíblica. Todo el mundo me estaba diciendo que era un tonto, y que mi ministerio no funcionaría a menos que siguiera la manera establecida para hacerlo. No estaba tratando de rebelarme. Yo solamente quería obedecer lo que yo sabía que Dios me estaba diciendo en mi corazón.

Cuando descubrí los versículos de Romanos 12, Dios me mostró que si yo tomaba Su Palabra y meditaba en ella, Su Palabra produciría todo lo que pudiera necesitar en mi vida. Es difícil describir cuánto consuelo y dirección me dio eso cuando me encontraba en esa encrucijada en mi vida. Así que me enfrasqué en la Palabra de Dios, y aquí me encuentro ahora más de cuarenta años después cumpliendo con la voluntad de Dios para mi vida. Es la revelación de la Palabra de Dios la que ha transformado mi vida y mi ministerio, y lo mismo funcionará para ti.

Todos los 176 versículos del Salmo 119—el capítulo más largo en la Biblia—se refieren a la importancia de la Palabra de Dios.

> *¿Con qué limpiará el joven su camino? Con guardar tu palabra.*
>
> SALMO 119:9

> *En mi corazón he guardado tus dichos, para no pecar contra ti.*
>
> SALMO 119:11

> *Mucha paz tienen los que aman tu ley, y no hay para ellos tropiezo.*
>
> SALMO 119:165

RESTAURADO

El Salmo 19 también afirma la importancia de la Palabra de Dios y habla de cómo ésta cambiará tu vida. Las diferentes frases como "**la ley del Señor**", "**los estatutos del Señor**", los "**mandamientos del Señor**", y "**el testimonio del Señor**", se refieren a la Palabra de Dios.

CONVIRTIENDO EL ALMA

La ley de Jehová es perfecta, que convierte el alma.

SALMO 19:7

En Hebreo, la palabra que se tradujo como **"convertir"** aquí significa restaurar.

Mucha gente ha experimentado tragedia en su vida. Su alma ha sido oprimida, golpeada, y lastimada. La persona común y corriente continúa por la vida llevando este dolor. Pareciera como si esas personas no pudieran liberarse. Por lo tanto, la mayoría de la gente lo ha aceptado pensando que: "Así son las cosas". Una de las razones por las que lo aceptan es porque ésa es la manera como el mundo—que no tiene acceso al poder sobrenatural de Dios—ve las cosas.

En el ámbito natural, sin Dios, eso es verdad. Tú eres producto de tu ambiente. Si tú fuiste abusado verbal, física, o sexualmente, eso te marcará. Si te menospreciaron, te condenaron, y te dijeron que nunca lograrías nada y que nunca harías nada en la vida; es muy probable que eso pudiera influenciarte por el resto de tu vida.

Sin embargo, Dios no te va a dar solamente la capacidad para sobrellevarlo. Él puede cambiarte totalmente para que sea como si esas cosas nunca hubieran sucedido. A través de Su Palabra, Él quiere convertir tu alma—restaurarte a una condición original (Sal. 19:7).

Si tú fuiste lastimado por alguien o algo, tú no tienes que aguantar eso por cinco, diez, veinte, o treinta años. Tú puedes superarlo. La Palabra de Dios puede convertir tu alma y restaurar esa situación para que sea lo que Dios se había propuesto originalmente.

SABIDURÍA

Esto no es verdad solamente a nivel individual; es verdad para toda la raza humana como un todo. Desde la caída de Eva y Adán, nuestra existencia y lo que nos rodea han sido muy negativos, y diferentes de lo que Dios originalmente quería que fueran. Para cuando un adolescente común y corriente se gradúa del bachillerato, ya ha visto decenas de miles de asesinatos brutales en la televisión. Ha sido expuesto a la inmoralidad sexual y a la impiedad, cosas que el Señor no se propuso que la humanidad tuviera que sufrir. ¿Cómo vences todo eso? La ley de Dios es perfecta—no solamente es buena. No solamente es mejor que cualquier otra cosa. Es perfecta; y convertirá tu alma—la restaurará—a su condición original.

Hay mucha gente que anda por la vida llevando consigo las cicatrices del pasado—heridas y dolores de años pasados—por toda clase de cosas como matrimonios anteriores, pérdidas, desilusiones, y relaciones que fracasaron. Pareciera como si nunca pudieran recuperarse. Es porque no están tomando la Palabra de Dios ni la están usando correctamente en su vida. Éste salmo 19:7 es una razón para creer que la Palabra de Dios es perfecta. Convertirá tu alma. Te restaurará a tu condición original.

El Salmo 19:7 continúa, diciendo:

CONVIRTIENDO EL ALMA

*El testimonio de Jehová es fiel, que hace sabio
al sencillo.*

La Palabra de Dios hace sabio al tonto—a la gente que no
piensa correctamente y que comete errores.

He escuchado toda clase de historias de gente que
tomó decisiones tontas y que sufrió por eso. Estas personas
cometieron adulterio y después terminaron llenos de vergüenza
y en medio de un escándalo. Perdieron sus empleos, sus iglesias,
y sus amigos. Terminaron con problemas de salud, como el
SIDA. Hay un sin fin de repercusiones por las cosas tontas que
hacemos. De vez en cuando quisiera decirle a la gente: "¿Cómo
puede alguien ser tan tonto y seguirse considerando racional?"
Es increíble lo que algunas personas hacen.

Tú podrías estar pensando: "Yo he hecho algunas de esas
cosas. Parece que no puedo evitarlo". Aquí mismo en el Salmo
19:7, la Palabra de Dios promete dar sabiduría al simple. Te
hará sabio aunque en el pasado hayas actuado como un tonto.
No tienes que someterte a la mentira que dice: "Pues bien, mi
mente no es tan brillante como la de los demás". La Palabra de
Dios vivificará tu pensamiento y te dará entendimiento.

ALÉGRATE

Hay tantas personas que están deprimidas y derrotadas.
No pueden encontrar ninguna razón para alegrarse. Están
batallando, y dan razones y excusas diciendo: "Esto y aquello
me sucedió a mí". ¿Sabes cuál es el meollo del asunto?

EL CAMBIO SIN ESFUERZO

> *Los mandamientos de Jehová son rectos, que alegran el corazón.*
>
> SALMO 19:8

Si no estás lleno de gozo, paz, ni te estás regocijando, el problema no son tus circunstancias (1 P. 1:8). Si tienes ceniza, luto, y un espíritu angustiado en vez del óleo de gozo y el manto de alegría, es porque de hecho hay un vacío en tu interior (Is. 61:3). Tú no conoces la verdad de la Palabra de Dios. Los mandamientos del Señor son rectos, y llenarán de gozo tu corazón. Si estás desanimado, toma la Palabra de Dios. Empieza a verbalizar para ti mismo las promesas de Dios. ¡Puedes alegrarte rapidísimo!

El Salmo 19:8 continúa diciendo:

> *El precepto de Jehová es puro, que alumbra los ojos.*

¿Vale la pena poder ver claramente en vez de tener una percepción negativa que hace que el vaso siempre se vea medio vacío? Qué beneficio tan grande es poder ver el lado positivo y ver soluciones para todo. Eso es lo que la Palabra de Dios hace.

UNA GRAN RECOMPENSA

> *El temor de Jehová es limpio, que permanece para siempre; Los juicios de Jehová son verdad, todos justos. Deseables son más que el oro, y más*

que mucho oro afinado; y dulces más que miel, y
que la que destila del panal.

SALMO 19:9-10

La Palabra de Dios tiene más valor que el oro y más que mucho oro afinado. Para mí, la Palabra de Dios es mejor que la miel. ¿Cómo tratarías la Palabra de Dios, si verdaderamente la desearas más que al dinero—hasta grandes cantidades de éste—y más que tu comida favorita? Tú podrías decir con Job:

Guardé las palabras de su boca más que mi comida.

JOB 23:12

Si tú buscaras a Dios a través de Su Palabra de esa manera, tu vida se transformaría.

Tu siervo es además amonestado con ellos; en
guardarlos hay grande galardón.

SALMO 19:11

¿Cuánto beneficio sería para tu vida si pudieras ser advertido antes de meterte en un problema, propiciar una relación indebida, aceptar el trabajo inadecuado, comprar el carro inapropiado, hacer algo que dañe tu salud, o tomar una decisión equivocada? ¿Qué valor tendría para ti el poder ver los problemas antes de que se presenten para que pudieras reaccionar y evadirlos? Eso es exactamente lo que la Palabra de Dios hará.

¡Y en guardar la Palabra de Dios hay grande galardón!

EL CAMBIO SIN ESFUERZO

CONTINÚA PLANTANDO

Tomemos la Palabra de Dios y hagámosla que sea el centro de nuestra vida. Meditemos en la Palabra día y noche. Conforme lo haces, la Palabra causará que el cambio venga a tu vida cómodamente. Será automático. Conforme renuevas tu mente con la Palabra de Dios, tú también empezarás a probar—manifestar a tus sentidos físicos—la buena, la agradable, y la perfecta voluntad de Dios.

Si tú no estás experimentando la abundancia y la victoria que el Señor ha prometido, no es Dios el que ha fallado. Orar largamente y pedir de una manera más enérgica no cambiará nada. Tú debes tomar la incorruptible semilla de la Palabra de Dios y debes continuar plantándola en el jardín de tu corazón.

Capítulo 6
EXPUESTO A LA DUDA

Tú te convertirás en lo que piensas (Pr. 23:7). La razón por la que la mayoría de la gente tiene los problemas que tiene es porque no están controlando sus pensamientos. Tu mente a menos que hagas algo específico para mantenerla en el Señor, por naturaleza se irá por alguna otra parte. No hay muchas otras cosas fuera de la Palabra de Dios que reflejen a Dios—que enfoquen nuestra atención en y nos acerquen a Él. Afortunadamente, la Palabra de Dios es luz pura (Sal. 19:8). Cuando tú estudias y meditas en la Palabra de Dios, eso cambia tu manera de pensar. Conforme nuestra manera de pensar cambia, también cambia nuestra vida. Es por eso que debemos llegar al punto de estar controlados por la Palabra de Dios.

Cuando Juan el Bautista tuvo dudas, Jesús dirigió su atención a la Palabra de Dios para que las superara. Esto es simple, pero muy profundo. Y aunque esto es verdad, no hay muchas personas que lo crean.

LA RESPONSABILIDAD PERSONAL

Yo no soy como esos ministros que entran sigilosamente y se suben a la plataforma después de que la alabanza y la adoración ya casi terminaron. Yo hablo con mucha gente. En nuestras reuniones, me paso dos o tres horas ofreciendo ministerio personal a la gente de manera individual después de mi predicación en el servicio. Como con regularidad yo trato directamente con cientos de personas, yo sé que hay muchas personas que están batallando. Tienen duda y temor. El doctor les dijo que van a morir, y quieren que yo les ayude a vencer ese problema. Quieren que los toque con una varita mágica para alejar sus temores. Están confiando en mí para que les imparta sanidad. No estoy diciendo que no puedo ayudar a la gente. Sin embargo, está mal de nuestra parte que busquemos la ayuda que necesitamos en otro ser humano.

Cuando Juan el Bautista tuvo dudas, Jesucristo no dijo: "Mira, Juan. Yo sé cómo te sientes. Me voy a encargar de esto por ti. De aquí en adelante yo me ocuparé de esto". El Señor no lo tocó con una varita mágica para que así Juan fuera liberado de la duda y la culpabilidad. Eso no es lo que sucedió. Jesucristo remitió a Juan a la Palabra de Dios.

Si tú tomaras la Palabra de Dios y la usaras por ti mismo, no tendrías que andar siguiendo a nadie de una reunión a otra rogándole a otros que oren por ti.

No tomes lo que estoy diciendo fuera de contexto. No estoy en contra de que otra persona ore por ti. Se requiere tiempo para profundizar en la Palabra de Dios y empezar a ver que la vida que está en la Palabra se libera para bien de tu vida. Durante ese período de tiempo, cuando estás sembrando la semilla y estás esperando que se incremente y crezca hasta que llegue al punto de que traiga libertad a tu vida, no seas tan terco ni orgulloso que no acudas a alguien en busca de ayuda y para pedir que ore por ti.

EXPUESTO A LA DUDA

Pero tampoco seas una de esas personas que se niegan a asumir su responsabilidad personal. Esas personas no profundizan en la Palabra de Dios personalmente ni le permiten que los transforme, y no tienen ningún plan para hacerlo. Sus vidas están ocupadas con el trabajo, los placeres, o lo que sea. No van a hacer que la Palabra de Dios sea el centro de su vida. Como muchos otros, tratan que alguien como yo o un pastor de iglesia busquen al Señor por ellos. Eso no va a funcionar.

Mientras estás en el proceso de buscar al Señor, creciendo hacia la madurez, y permitiendo que la Palabra de Dios obre en ti, no permitas que el orgullo te impida pedir ayuda si te encuentras con un problema. Pero no seas como el que ni siquiera se está esforzando, que ni siquiera tiene el deseo de tratar de profundizar en la Palabra por sí mismo. Si tu género de vida te tiene tan ocupado que no te permite pasar tiempo en la Palabra de Dios, y estás tratando de beneficiarte de mi fe—o de la fe de alguna otra persona en el Evangelio—esa actitud no te va a funcionar.

Me da gusto que veas mi programa de televisión o que escuches mi programa en la radio. No estoy en contra del programa de nadie en particular, ni en contra de los programas Cristianos en general. Son una verdadera bendición del Señor en las vidas de muchas personas. Sin embargo, si todo lo que estás haciendo es recibir tu alimento divino después de que ya ha sido digerido por alguien más, no vas a crecer mucho. Si no vas a tomar la Palabra de Dios personalmente, entonces no vas a madurar.

EL CAMBIO SIN ESFUERZO

TOTALMENTE COMPROMETIDO

Así fue como el Señor trató con Juan el Bautista cuando éste tuvo duda, volvió a remitirlo a la Palabra de Dios. Él no le resolvió el problema. No sacó una varita mágica y resolvió el problema. Jesucristo le dijo a Juan que retornara a la Palabra de Dios.

> *Y al oír Juan, en la cárcel, los hechos de Cristo, le envió dos de sus discípulos, para preguntarle: ¿Eres tú aquel que había de venir, o esperaremos a otro?*
>
> MATEO 11:2-3

Juan el Bautista fue un hombre que fue usado muchísimo por Dios. Él es la única persona de la Biblia—del Antiguo o Nuevo Testamento—que fue bautizada en el Espíritu Santo cuando todavía estaba en el vientre de su madre (Lc. 1:15). Antes de que naciera físicamente, fue lleno del Espíritu Santo. Ni siquiera a Jesucristo le sucedió eso. Juan fue un personaje único, muy ungido y bendecido por Dios.

Juan se pasó treinta años en el desierto preparándose para su ministerio. Él nunca vivió las cosas normales que la gente vive. Él tenía toda su atención puesta en su llamado.

Entonces él apareció en escena, y en un lapso de seis meses puso a la expectativa de la venida del Mesías no sólo a la nación Judía, sino también a todas las naciones que rodeaban a Israel. Juan vio el avivamiento más grande que había sucedido en la historia hasta ese tiempo, posiblemente el avivamiento más grande que alguna vez haya ocurrido en cualquier lugar. Éste fue el hombre que lo causó.

En un tiempo, Juan estaba totalmente seguro de que Jesús era el Mesías. Él envió a sus propios discípulos para que siguieran a Jesús cuando les dijo: "Es necesario que Él crezca, pero que yo mengüe" (Jn. 3:30). Los fariseos se le aparecieron a Juan tratando de hacer que tuviera envidia de Jesús al preguntarle: "¿No te das cuenta que ahora Jesucristo tiene más discípulos que tú? Él está bautizando más gente que tú". En vez de llenarse de envidia, Juan respondió: "No soy digno de desatarle la correa del calzado". Él sabía cuál era su lugar. Juan sabía quién era Jesucristo, y estaba totalmente comprometido con Él.

EL HOMBRE DINAMITA A PRUEBA

Pero Juan ya no estaba tan seguro después de que estuvo en prisión por un tiempo indeterminado. Por lo menos habían pasado seis meses—o posiblemente hasta dos años—desde que este hombre dinamita había sido puesto a prueba. A Juan se le había prohibido comunicarse con sus seguidores y que influenciara a la gente. Después de un período de tiempo tan largo, esa dificultad empezó a abrumarlo.

Así que cuando Juan el Bautista envió a dos de los discípulos que le quedaban a preguntar si Jesucristo era el Mesías o si debería buscar a otro, hay que tener en cuenta que el que estaba haciendo esta pregunta no era una persona que acababa de convertirse al Señor. Era alguien que anteriormente ya había recibido la respuesta a esa pregunta. Éste era el hombre que en un tiempo supo sin lugar a dudas que Jesús era el Cristo. Sin embargo, más adelante lo vemos dudando que Jesucristo fuera el Mesías.

> *¿Eres tú aquel que había de venir, o esperaremos*
> *a otro?*
>
> MATEO 11:3

¡Esto no es otra cosa sino duda! Esto era un problema muy grande para Juan el Bautista, porque en un tiempo él había estado totalmente seguro de quién era Jesús. Hasta había recibido una señal de parte de Dios respecto al Mesiazgo de Jesús.

> *Jesús, después que fue bautizado, subió luego del*
> *agua; y he aquí los cielos le fueron abiertos, y vio*
> *al Espíritu de Dios que descendía como paloma,*
> *y venía sobre él. Y hubo una voz de los cielos,*
> *que decía: Este es mi Hijo amado, en quien tengo*
> *complacencia.*
>
> MATEO 3:16-17

> *Y descendió el Espíritu Santo sobre él en forma*
> *corporal, como paloma, y vino una voz del cielo*
> *que decía: Tú eres mi Hijo amado; en ti tengo*
> *complacencia.*
>
> LUCAS 3:22

Dios le dijo a Juan que aquel sobre quién él viera al Espíritu de Dios descender en forma de paloma y permanecer sobre

Él, sería el Mesías (Jn. 1:33). Así que Juan el Bautista tuvo una señal visible cuando bautizó a Jesucristo en agua y el Espíritu Santo descendió en forma de paloma. También escuchó una voz audible desde el cielo que dijo: "Éste es mi Hijo amado, en quien tengo complacencia" (Mt. 3:17). Juan no solamente tenía las Escrituras y el testimonio interno de su propio corazón, sino que también escuchó una voz audible y tuvo una señal visible.

LA ESPERANZA QUE SE DEMORA

¿Qué necesitas para poder creer? Ésa es una buena pregunta. Algunas personas piensan: "Si yo hubiera sido uno de los doce discípulos de Jesús, no batallaría con la duda. Si pudiera tener una visión, si tuviera hormigueo en mis manos, si pudiera escuchar la voz de Dios de manera audible—entonces creería. Juan tenía todas esas cosas y sin embargo, estaba dudando.

No importa quién eres o qué tan fuerte ha sido tu fe, cada uno de nosotros somos capaces de dudar. Cuando se está en una situación negativa por un largo período de tiempo, se tiende a dudar. Las circunstancias negativas tienden a arrancarte la fe y a hacer que la duda venga.

Eso es exactamente lo que sucedió con Juan el Bautista. Él había estado en prisión por lo menos seis meses, posiblemente hasta dos años para ese entonces. Juan había sido un fanático rígido, apasionado, vehemente. Él era audaz, atrevido, e intrépido. Juan acusó a Herodes de haber tomado a la esposa de su hermano cuando éste todavía estaba vivo y de haberla hecho su esposa (Mt. 14:3-4). Era una alianza impía, y Juan lo arriesgó todo porque dijo la verdad al respecto. Al pasar el tiempo, sí le costó todo. Fue encarcelado por eso, y luego muerto.

Juan no tenía miedo de proclamar lo que estaba bien y lo que estaba mal. Él vivía para declarar la verdad de Dios y para ver a la gente cambiar. Una vez que él apareció en escena, su predicación cambió a toda una nación en un período de seis meses. Juan era un hombre lleno de energía a quien le gustaba estar en medio de la acción comunicando la Palabra de Dios. Él era un profeta de dedo acusador. Así era Juan. Sin embargo, fue silenciado y encarcelado. Claro que, probablemente él hablaba con los guardas de la prisión, pero lo mantenían restringido físicamente para que no pudiera continuar con la realización de su ministerio.

Proverbios 13:12 revela que:

> *La esperanza que se demora es tormento del corazón.*

La esperanza de Juan el Bautista era andar libre predicando el Evangelio, preparando el camino para el Señor, y acercando a la gente a Él. Sin embargo, esto no se estaba realizando. Por lo tanto esta contrariedad empezó a abrumarlo.

LA ERA DE LA IGLESIA

Otro factor importante en relación a la duda de Juan el Bautista era el malentendido sobre lo que el Mesías haría cuando Él viniera. Durante el tiempo de Jesucristo, la gente no comprendía claramente que la venida del Señor se llevaría a cabo en dos Advenimientos, como lo llamamos. La primera venida de Jesucristo culminó con Su crucifixión, resurrección, y ascensión. Desde entonces ha habido un período de tiempo intermedio de más de 2,000 años, el cual llamamos "La Era de la Iglesia". Hoy, los creyentes por doquier continúan esperando la segunda venida del Señor (Ap. 22:20).

Esto fue profetizado en el Antiguo Testamento, pero parecían cosas simultáneas. Toma por ejemplo Isaías 61:1-2, que el Señor citó en Lucas 4, diciendo:

> *El Espíritu del Señor está sobre mí, por cuanto me ha ungido para dar buenas nuevas a los pobres; me ha enviado a sanar a los quebrantados de corazón; a pregonar libertad a los cautivos, y vista a los ciegos; a poner en libertad a los oprimidos; a predicar el año agradable del Señor.*
>
> LUCAS 4:18-19

Definitivamente ésta era una profecía del Mesías que se cumplió cuando Él vino a la tierra. Jesucristo hizo, estuvo haciendo, y más adelante hará todas esas cosas. El mismo declaró:

> *Hoy se ha cumplido esta Escritura delante de vosotros.*
>
> LUCAS 4:21

Sin embargo al comparar Lucas 4:18-19 con Isaías 61:1-2, fíjate cómo el Señor se detuvo justo antes de completar el versículo 2, que dice:

EL CAMBIO SIN ESFUERZO

A proclamar el año de la buena voluntad de Jehová,
y el día de venganza del Dios nuestro.

¿Por qué Jesús se detuvo antes de proclamar el día de venganza de nuestro Dios? Porque esa porción de la profecía sobre Él se realizará en Su segunda venida cuando Él traiga el juicio a la tierra. Pero si tú solamente leyeras la Escritura del Antiguo Testamento sin el beneficio del comentario del Nuevo Testamento, sería muy fácil tomar esas cosas como si fueran simultáneas.

DEPRIMIDO

En pocas palabras, todas estas profecías del Antiguo Testamento referentes al Mesías daban la impresión de que la primera y la segunda venida de Jesucristo sucederían en un solo acontecimiento. La gente no comprendía claramente que habría dos Advenimientos. Debido a esto, la gente en la época de Jesús esperaba con avidez no solamente que el Señor nos reconciliara con Dios, sino también que Él terminara con el dominio Romano, instituyera el reino de Dios, juzgara a los impíos, y que reinara físicamente en esta tierra. Eso es lo que estaban esperando.

Personalmente, creo que Juan el Bautista compartía la misma opinión, lo cual era una de las razones por las que empezó a dudar de que Jesús era realmente el Cristo. Hubo un tiempo, en que Juan no tuvo dudas. Él había escuchado una voz audible y había visto una señal visible, pero las cosas no estaban sucediendo de la manera como él pensó que sucederían. Él pensó que Jesucristo había venido para destruir a los Romanos. Él pensó que Jesucristo había venido para sacarlo de la prisión, para inaugurar el reino de Dios y para empezar a reinar físicamente sobre la tierra. Esas cosas no estaban sucediendo. A lo mejor habían pasado dos o hasta dos años y medio desde que Juan lo había bautizado, pero Jesucristo todavía no había dado un discurso político. Él no había tratado de reformar la sociedad. Jesucristo andaba hablando con las personas de la relación personal de ellas con Dios.

La esperanza que se demora es tormento del corazón (Pr. 13:12). Si Juan pensaba que su esperanza no estaba bien fundada, esta experiencia negativa pudo haber causado que su corazón se deprimiera. Si él era como la mayoría de las personas en las Escrituras, entonces también se estaba preguntando:

> *Señor, ¿restaurarás el reino a Israel en este tiempo?*
> HECHOS 1:6

Si Juan el Bautista no entendía claramente que en el futuro se iba a dar la presente era de la Iglesia, y que iba a ocurrir entre el primer y el segundo advenimiento del Señor, entonces es posible que esas circunstancias negativas hayan podido haber hecho que su corazón se deprimiera.

Él no estaba viendo que sus sueños del reino de Dios se estuvieran manifestando. Él estaba encerrado en la prisión y ya no podía ministrar. Las prisiones en esos días eran lugares horribles. Sabemos que no poder cumplir tu llamamiento también puede ser muy frustrante y desalentador. Es obvio

EL CAMBIO SIN ESFUERZO

que todas estas circunstancias negativas obraron de manera conjunta e hicieron que Juan el Bautista reconsiderara su situación y se preguntara: "¿Escuché a Dios correctamente? ¿Lo malinterpreté?"

Si tú tienes circunstancias negativas, tu esperanza se ha demorado y no estás viendo que las cosas se realizan como tú pensabas que deberían haberlo hecho, también podrías caer en la misma trampa. Juan el Bautista era el mejor hombre que hasta ese entonces hubiera vivido sobre la faz de la tierra. Jesucristo mismo dijo eso (Mt. 11:11; Lc. 7:28). Juan el Bautista era el mejor hombre que alguna vez hubiera existido, sin embargo, era susceptible de dudar. Cuando él se encontró en una situación muy estresante, empezó a dudar hasta de las cosas de las que había recibido confirmación de manera muy enfática. Esto muestra que cualquier persona es capaz de dudar.

MANTÉN EL EMPUJE

En tu vida Cristiana, debes cultivar tu relación con el Señor. Tú no puedes apagar el motor y ponerte a planear. Así como un avión, tú debes mantener el empuje para que puedas volar. Un helicóptero tiene las características aerodinámicas de una roca si apagas el motor y las alas giratorias dejan de rotar, se cae. Debes mantener la energía y el impulso para vencer la gravedad y volar.

Todos nosotros somos susceptibles de dudar. Juan el Bautista era un hombre que había sido lleno del Espíritu Santo antes de que hubiera nacido. Era un hombre que trató con Dios continuamente, que causó el mayor avivamiento en la historia del mundo. Juan tuvo una señal visible y audible y en un tiempo no tenía dudas. Si las presiones negativas y las circunstancias pueden hacer que alguien así—a través de un período de tiempo—dude, también podría sucederte a ti.

¿Eres alguien que solamente busca a Dios de vez en cuando? ¿Lo buscas sólo cuando tienes muchos problemas para recibir liberación y luego vuelves a vivir carnalmente? Necesitamos estar alerta y atentos. Necesitamos reconocer que la incredulidad es como la gravedad—siempre está jalando. Nunca se apaga. Tú puedes elevarte por encima de ésta aplicando el poder de Dios en tu vida, pero no puedes apagar tu motor de la fe y dedicarte a planear. En el momento en que empiezas a planear empiezas a bajar. Podrías flotar y avanzar más que otra persona, pero en el momento que apagues el interruptor de la fe, vas en picado.

Si Juan el Bautista pudo dudar, tú puedes dudar. Necesitas mantener tu enfoque en el Señor, y debes resistir—pelear activamente en contra de—la duda (Stg. 4:7).

EL CAMBIO SIN ESFUERZO

Capítulo 7
UNA SITUACIÓN DE CRISIS

Mientras que Juan el Bautista batallaba con la duda, él envió a dos de sus discípulos a ver a Jesús para preguntarle si verdaderamente Él era el Cristo (Mt. 11: 2-3).

> *Respondiendo Jesús, les dijo: Id, y haced saber a Juan las cosas que oís y veis. Los ciegos ven, los cojos andan, los leprosos son limpiados, los sordos oyen, los muertos son resucitados, y a los pobres es anunciado el evangelio; y bienaventurado es el que no halle tropiezo en mí.*

MATEO 11:4-6

El relato de Lucas sobre este mismo acontecimiento añade un pequeño detalle que significa una gran diferencia (Lc. 7:18-23).

Pero antes de que estudiemos esto más a fondo, te invito a que veas mi estudio titulado *Life for Today Study Bible Commentary – Gospels Edition* (**disponible solamente en inglés**). Este libro de pasta dura tiene más de seiscientas páginas que contienen los cuatro Evangelios completos, comentarios, referencias, notas a pie de página, y otras herramientas de estudio muy buenas. Además de todo esto, una característica única y muy importante es que las versiones de los cuatro Evangelios están organizadas cronológicamente.

Esto significa que todos los versículos de Mateo, Marcos, Lucas, y Juan concernientes a cada acontecimiento del Evangelio han sido arreglados cómodamente en una misma página. Esto te permite hacer una comparación entre los Evangelios, y ver las pequeñas diferencias—entre los diferentes detalles descritos—que arrojan una importante luz adicional en algunos acontecimientos que normalmente no verías si leyeras cada Evangelio por separado. Al poner exactamente la misma historia, como está registrada por los diferente autores de los Evangelios, una al lado de la otra, puedes ver diferencias notables. Nada se contradice. Estos diferentes relatos añaden nueva información para crear una imagen más completa de lo que sucedió en realidad. Ya sea que uses el *Life for Today Study Bible and Commentary—Gospels Edition* con el propósito de devoción y/o de estudio, sería una inversión valiosa y un agregado trascendental a tus herramientas espirituales.

De hecho, te ayudará a ver más fácilmente precisamente las verdades que vamos a analizar a continuación.

UNA IMAGEN MÁS COMPLETA

Después de que los discípulos de Juan el Bautista le hicieron a Jesucristo la pregunta de Juan, el relato de Lucas pinta una imagen más completa al decir:

> *En esa misma hora sanó a muchos de enfermedades y plagas, y de espíritus malos, y a muchos ciegos les dio la vista. Y respondiendo Jesús, les dijo: Id, haced saber a Juan lo que habéis visto y oído: los ciegos*

UNA SITUACIÓN DE CRISIS

ven, los cojos andan, los leprosos son limpiados, los sordos oyen, los muertos son resucitados, y a los pobres es anunciado el evangelio.

LUCAS 7:21-22

El relato de Mateo sobre este mismo suceso solamente registra a los discípulos de Juan haciendo su pregunta y a Jesucristo contestándoles (Mt. 11:2-6). Sin embargo, aquí en el relato de Lucas vemos que antes de que Jesús les contestara a los discípulos de Juan el Bautista...

En esa misma hora sanó a muchos de enfermedades y plagas, y de espíritus malos, y a muchos ciegos les dio la vista.

LUCAS 7:21

La frase "**en esa misma hora**" da a entender que casi por una hora Jesucristo no les contestó a los discípulos de Juan el Bautista, sino que Él hizo todos esos milagros. Luego le dijo a esos discípulos que regresaran y le dijeran a Juan el Bautista lo que acababan de ver y escuchar. Ésa es una gran diferencia en comparación con el relato de Mateo en el cual parece como si Jesucristo les hubiera contestado inmediatamente su pregunta diciéndoles: "Vayan y hagan saber a Juan lo que han escuchado y visto".

Fíjate que el relato de Lucas es muy específico porque menciona todos los diferentes milagros que Jesucristo realizó. Más adelante veremos lo importante que esto fue. Pero por ahora, diremos que Jesús se pasó cerca de una hora realizando todos esos milagros antes de decirles a los discípulos de Juan que regresaran y le dijeran todo lo que habían visto y escuchado.

> *Mientras ellos [los discípulos de Juan] se iban,*
> *comenzó Jesús a decir de Juan a la gente.*
>
> MATEO 11:7

FUERA DEL ALCANCE DEL OÍDO

El relato de Lucas lo registra de una manera un poco diferente, diciendo:

> *Cuando se fueron [tiempo pasado] los mensajeros de*
> *Juan, comenzó a decir de Juan a la gente.*
>
> LUCAS 7:24

En vez de hablar "mientras ellos se iban", en realidad Jesús se esperó hasta que los discípulos de Juan el Bautista habían partido para empezar a decir todos esos elogios acerca de él.

Así que al comparar ambos relatos, tanto el de Mateo como el de Lucas, sobre este incidente, podemos ver que Jesucristo ni siquiera les dio una respuesta a los discípulos de Juan el Bautista durante aproximadamente una hora. En vez de darles una respuesta directa, lo que hizo fue sanar ciegos, resucitar gente de entre los muertos, sacar demonios de la gente, y hacer andar a los cojos y oír a los sordos. ¡Él hizo todos esos milagros en el lapso de una hora!

UNA SITUACIÓN DE CRISIS

Yo he visto ciegos que sanan, gente que resucita de entre los muertos, y personas que se levantan de sus sillas de ruedas. He visto acontecer muchos milagros, pero nunca he visto que todo suceda en el lapso de una hora. He visto la manifestación de muchos milagros en un corto período de tiempo, pero el Señor amontonó resurrecciones; recuperaciones de la vista, del oído, de la capacidad de andar, todo eso en una hora. ¡Imagínate el impacto que esto habría tenido sobre ti!

Después de que los discípulos de Juan el Bautista estuvieron fuera del alcance del oído y no podían llevarle a Juan las noticias de lo que Jesús estaba a punto de decir porque ya se habían ido, entonces el Señor empezó a decir esas alabanzas que—por lo menos desde mi punto de vista—de hecho habrían sido más benéficas para Juan que la respuesta que Jesucristo le dio.

EN EL LUGAR DE JUAN

Ponte en el lugar de Juan. Imagínate que eres uno de los personajes principales de la nación. La gente estaba contando contigo como su líder. En una época, centenas de miles de personas estaban diciendo que tú eras el personaje más importante en toda la nación. Tú tenías esa clase de influencia. Y aquí te encuentras, en tu hora de crisis más obscura, dudando de las mismas verdades que te habían convertido en el instrumento que Dios había usado de una manera tan extraordinaria. Estabas en tu momento de mayor debilidad. En la prisión, parecía que podías ser ejecutado en cualquier momento. (Como sabemos, Juan el Bautista fue decapitado). Durante esta época deprimente, tú le envías un mensaje a

EL CAMBIO SIN ESFUERZO

la persona que ha tomado tu lugar y te ha sucedido. Ésta es la misma persona a la que tú promoviste y de hecho le diste el primer lugar. Tú eras el que atraía a las multitudes, pero después les dijiste que lo siguieran a Él. Tú juntaste a toda la gente y los mandaste con Él.

Así que en ese momento de crisis, Juan el Bautista envió gente a Jesús pidiendo ayuda, pero al principio parecía que el Señor ni siquiera había ayudado a esos discípulos. Él los ignoró y realizó esos milagros. Él les dijo:

> *Id, haced saber a Juan lo que habéis visto y oído: los ciegos ven, los cojos andan, los leprosos son limpiados, los sordos oyen, los muertos son resucitados, y a los pobres es anunciado el evangelio y bienaventurado es aquel que no halle tropiezo en mí.*
>
> LUCAS 7:22-23

Cuando por primera vez leí este pasaje de las Escrituras, de hecho sentí tristeza por Juan. Pensé: "Aquí pareciera que Jesucristo no hizo mucho para ayudar a Juan el Bautista". Juan el Bautista había sido consagrado al Evangelio desde el vientre de su madre. Él no tuvo una niñez normal. Él no tuvo esposa ni hijos. La Palabra dice que él estuvo en lugares desiertos hasta el día que empezó su ministerio (Lc. 1:80). Esto significa que Él había estado consagrado a Dios. No tenía un plan B ni un plan C. Él nunca había disfrutado de otras cosas aparte de su llamamiento. Este hombre estaba totalmente consagrado y concentrado por completo en esto desde el vientre de su madre.

UNA SITUACIÓN DE CRISIS

¿UN GRAN ERROR?

Si Jesucristo no era el Cristo, entonces Juan el Bautista había malgastado la unción que estaba en su vida. Él había dicho de Jesús:

> *He aquí el Cordero de Dios, que quita el pecado del mundo.*
>
> JUAN 1:29

Los mismos discípulos de Juan se habían presentado y querían seguir a Jesucristo, pero estaban divididos en su fidelidad. Juan dijo:

> *Es necesario que él crezca, pero que yo mengüe.*
>
> JUAN 3:30

Juan el Bautista envió a sus propios discípulos para que se convirtieran en seguidores de Jesús. Si Jesucristo no era el Mesías entonces Juan había cometido un gran error personal que convertía toda su vida en un fracaso y un desperdicio. No solamente eso, sino que él había recibido una unción sobre sí mismo que nunca en la historia del mundo nadie más había tenido, y había mandado a sus discípulos, a toda la nación, y a muchas naciones vecinas a seguir al hombre equivocado. Si ése fuera el caso, Juan el Bautista pudo haberse convertido en un instrumento del diablo en vez del instrumento de Dios que era para lo que estaba consagrado. No era una duda trivial la de Juan el Bautista. Era una situación de crisis diferente a cualquier otra en la vida de Juan.

EL CAMBIO SIN ESFUERZO

¿Cómo respondió Jesucristo? Él dijo: "Vayan y díganle lo que han visto y oído". Al principio el Señor ni siquiera les contestó a los mensajeros de Juan, sino que después de una hora en la que estuvo curando a la gente les dijo: "Vayan y díganle lo que han visto y oído". Entonces, después de que los discípulos de Juan habían partido, Jesucristo:

> *Comenzó a decir de Juan a la gente: ¿Qué salisteis a ver al desierto? ¿Una caña sacudida por el viento?*
> LUCAS 7:24

Por supuesto que éste es un comentario sarcástico. Jesucristo estaba preguntando: "¿Qué fue lo que atrajo a miles, o quizá centenas de miles de personas al desierto para escuchar a este hombre? ¿Eran las cañas sacudidas por el viento?" No, las cañas habían estado allí por cientos de años y las multitudes nunca habían ido allí por eso. No era la naturaleza. No era porque el desierto es muy hermoso. Las multitudes fueron porque allí estaba un hombre que estaba encendido de amor por Dios.

ENCENDIDO DE AMOR POR DIOS

Si tú estás encendido de amor por Dios, todo el mundo vendrá para verte arder.

Juan el Bautista era un hombre que ardía de amor por Dios. Él estaba ungido por Dios. Las palabras de Dios estaban en su boca. El Señor le dirigió un gran elogio a Juan, al reconocer que él había atraído grandes multitudes al desierto.

UNA SITUACIÓN DE CRISIS

Mas ¿qué salisteis a ver? ¿A un hombre cubierto de vestiduras delicadas? He aquí, los que tienen vestidura preciosa y viven en deleites, en los palacios de los reyes están.

LUCAS 7:25

Como ya vimos, Él está usando el sarcasmo. ¿Era la ropa llamativa de Juan o sus zapatos de piel de buena marca lo que había atraído a todo el mundo a ese lugar? ¿Era su peinado de estilo pentecostal o sus trajes caros lo que atraía a las multitudes? No, él no tenía ninguna de esas cosas. Juan el Bautista estaba vestido de pelo de camello. Lo único que huele peor que el pelo de camello es el pelo de camello mojado. Juan el Bautista vestía pelo de camello y se pasó la mitad de su vida en el río Jordán bautizando a la gente. Así que definitivamente este hombre no era un ejemplo de la última moda.

Para colmo, Juan el Bautista tenía una barba larga, y comía langostas y miel silvestre. Me puedo imaginar su barba apelmazada por la miel con una pata desmembrada de langosta atorada por allí. Jesucristo simplemente estaba diciendo que no era el cabello de Juan ni su ropa lo que atraía a la gente al desierto.

Mas ¿qué salisteis a ver? ¿A un profeta? Sí, os digo, y más que profeta. Este es de quien está escrito: He aquí, envío mi mensajero delante de tu faz, el cual preparará tu camino delante de ti.

LUCAS 7:26-27

EL CAMBIO SIN ESFUERZO

Ésa es una cita de Malaquías 3:1. Todo el mundo entendía que se refería al profeta que habría de preparar el camino para el Mesías—un puesto muy importante de autoridad y liderazgo. Jesucristo estaba dejando muy claro que Juan el Bautista era el hombre del que se había profetizado en el Antiguo Testamento.

EL MAYOR

> *Os digo que entre los nacidos de mujeres, no hay mayor profeta que Juan el Bautista; pero el más pequeño en el reino de Dios es mayor que él.*
> LUCAS 7:28

Jesucristo dijo que Juan el Bautista era mayor que cualquiera de los personajes del Antiguo Testamento, incluyendo a Moisés, Elías, Eliseo, Isaías, Jeremías, etc. Ésas eran unas palabras muy trascendentales dichas por un Hombre que era la personalidad más importante de la nación en ese tiempo.

Allí estaba Juan el Bautista—pudriéndose en la prisión, sintiéndose solo, y preguntándose si a alguien le importaba. "¿Y yo qué? Tuve un ministerio que duró seis meses y desde entonces me he estado pudriendo en la prisión por años. ¿Se acuerda alguien de mí? ¿Le importo a alguien?"

¿Qué tal si tú estuvieras en el lugar de Juan, y enviaras una comitiva a la persona más popular, al líder religioso de mayor influencia en la nación pidiendo ayuda? ¿Piensas que te ayudaría si él tomara la palabra desde su púlpito y empezara a hablar sobre ti? ¿Cómo te sentirías si esa persona empezara a decir por

UNA SITUACIÓN DE CRISIS

el radio y la televisión que tú eres el profeta más prominente que ha vivido? Mayor que Abraham, Moisés, o Elías—mayor que cualquiera. Si tú estuvieras batallando como Juan el Bautista, probablemente encontrarías tales palabras, dichas de esa manera por esa importante persona, muy motivadoras.

Por lo menos eso fue lo que yo creí. Cuando vi esta situación de crisis en la que Juan el Bautista estaba y la manera como el Señor trató a los discípulos—ignorándolos por una hora, sanando a la gente, y regresándolos luego con ese mensaje—yo pensé: "Dios, no me parece que eso fuera lo más apropiado. Después de que los discípulos se habían ido, empezaste a decir esos elogios. ¿Por qué no dijiste eso cuando sus discípulos todavía estaban allí? ¿No habría eso bendecido más a Juan?"

Capítulo 8
"¡NO TE DES POR VENCIDO!"

Cuando yo era inmaduro en el ministerio y apenas empezaba, pastoreaba una iglesia en Seagoville, Texas. Miles de personas se mantenían alejadas de mi iglesia. Era sorprendente ver las multitudes que no venían. Estaba batallando y no veía muchos resultados.

En una ocasión fui a una conferencia que se realizó en la iglesia Calvary Cathedral en Forth Worth, Texas. Bob Nichols era el pastor, y los conferencistas invitados incluían toda clase de personas de gran renombre como Kenneth Hagain, Kenneth Copeland, y otros. Todas esas personalidades estaban sentadas al frente. Los dones del Espíritu Santo estaban fluyendo, y esas personas estaban profetizando y se estaban alentando unos a otros en el Señor.

Había dos mil gentes en el auditorio y nadie sabía quién era yo. Yo estaba sentado justo en medio de una fila larga de unos veinte o treinta asientos, en el mero centro del auditorio. Literalmente yo era una hormiga en medio de esa gran multitud. Allí estaba yo sintiéndome muy insignificante, y pensando: "Allí están todos esos líderes recibiendo palabras de aliento. Nadie en este auditorio necesita ser motivado más que yo". Me sentía solo y también sentí otras emociones negativas. En fin, alguien que estaba enfrente dijo: "Camina por los pasillos y entre las filas, saluda a alguien, y motívalo".

Anteriormente, yo había tratado a Bob Nichols, el pastor de esa iglesia. Sin entrar en mucho detalle, puedo decirte que ese primer encuentro no fue bueno. Fue solamente gracias a que Bob era una persona muy amable que inclusive mostró simpatía por mí después de ese primer encuentro. No fue algo bueno y no es algo de lo que estoy orgulloso. Sin embargo allí estaba yo en medio de ese grupo de personas. De repente Bob Nichols se bajó de la plataforma, se abrió paso en medio de toda esa gente, caminó por el pasillo, y me encontró. Era obvio que específicamente me estaba buscando a mí. Bob empezó a abrazarme diciendo: "¡No te des por vencido! ¡No te des por vencido! ¡Persiste! Dios te ama. No renuncies". Él no me conocía a mí ni mi situación. Yo sabía que Dios me había distinguido entre las miles de personas que estaban allí. En mi tiempo de necesidad, eso verdaderamente me bendijo y me motivó.

Mientras estaba leyendo la historia de Juan el Bautista, me pregunté: "¿Por qué Jesucristo no hizo algo así por Juan? ¿Por qué no dijo todos esos elogios de que Juan era la mejor persona que había vivido en la historia hasta ese tiempo cuando los discípulos de Juan todavía estaban allí? A mí me parece que eso habría sido más benéfico que simplemente realizar algunos milagros, para después instruir a los mensajeros diciéndoles que regresaran y le dijeran a Juan lo que habían visto y oído y que Juan sería bendecido si no hallaba tropiezo". Batallé con eso por años.

ARMONIZADOS

Pasado el tiempo, un día yo estaba leyendo las Escrituras en Isaías. Esas preguntas que había tenido sobre Mateo 11 no habían caído en el olvido, pero ciertamente no era lo que ocupaba el primer lugar en mi mente. Conforme estaba leyendo, me topé con una profecía que fue dada al mensajero que vendría antes de Jesucristo para preparar Su camino. Esto es lo que esas Escrituras le dijeron al mensajero que habría de preparar el camino para el Mesías.

Fortaleced las manos cansadas, afirmad las rodillas endebles. Decid a los de corazón apocado: Esforzaos, no temáis; he aquí que vuestro Dios viene con retribución, con pago; Dios mismo vendrá, y os salvará. Entonces los ojos de los ciegos serán abiertos, y los oídos de los sordos se abrirán. Entonces el cojo saltará como un ciervo, y cantará la lengua del mudo; porque aguas serán cavadas en el desierto, y torrentes en la soledad.

ISAÍAS 35:3-6

De repente el Espíritu Santo me recordó lo que Jesucristo le había dicho a los discípulos de Juan, y cómo Él se había pasado una hora realizando esos milagros.

Respondiendo Jesús, les dijo: Id, y haced saber a Juan las cosas que oís y veis. Los ciegos ven, los cojos andan, los leprosos son limpiados, los sordos oyen, los muertos son resucitados, y a los pobres

es anunciado el evangelio; y bienaventurado es el
que no halle tropiezo en mí.

MATEO 11:4-6

En un instante, el Espíritu Santo armonizó estos dos pasajes de las Escrituras para mí.

¡SIMPLEMENTE CREE!

Jesús se esperó para decir todas esas cosas emotivas y elogiosas sobre Juan el Bautista hasta que los discípulos de Juan se habían ido. Mientras estaban presentes, la respuesta que les dio consistió en realizar todos esos milagros ante sus propios ojos. Luego Él les dijo: "Vayan y díganle a Juan lo que han oído y visto".

Los ciegos ven, los cojos andan, los leprosos son limpiados,
los sordos oyen, los muertos son resucitados, y a los pobres
es anunciado el evangelio.

MATEO 11:5

Esencialmente, Jesucristo cumplió la profecía Mesiánica de Isaías 35:5-6 justo enfrente de sus ojos. Él abrió los ojos de los ciegos y los oídos de los sordos; capacitó al cojo para saltar, y la lengua del mudo para cantar. Estos fueron los milagros que Jesucristo realizó y luego le dijo a los discípulos de Juan que regresaran y le dijeran lo que había sucedido. Todo lo que había sido profetizado sobre el ministerio del Mesías, Jesucristo lo cumplió en el período de una hora. Además, añadió el acto de resucitar a alguien de entre los muertos para que nadie pensara que esas cosas habían sido coincidencias.

"¡NO TE DES POR VENCIDO!"

En el período de una hora, Jesucristo hizo todo lo que estaba profetizado en relación a los milagros que Él iba a hacer. Además, Él añadió la resurrección de una persona de entre los muertos. Luego Él les dijo a los discípulos de Juan que regresaran y le dijeran que Él había hecho todas esas cosas y que Juan sería bendecido si simplemente creía. ¡Solamente cree!

DUDAS DISIPADAS

Juan el Bautista conocía las Escrituras. Cuando los Fariseos se acercaron a él y le preguntaron, "¿Quién eres tú? ¿Eres el Cristo?" Él contestó: "No, Yo no soy el Cristo".

> *Yo soy la voz de uno que clama en el desierto: Enderezad el camino del Señor, como dijo el profeta Isaías.*
>
> JUAN 1:23

Ésta era una cita de Isaías 40, cinco capítulos después de Isaías 35.

> *Voz que clama en el desierto: Preparad camino a Jehová; enderezad calzada en la soledad a nuestro Dios.*
>
> ISAÍAS 40:3

De hecho, Juan hizo unas citas textuales tomadas de varios pasajes que se referían a esta parte de Isaías. En aquel entonces no tenían Biblias como las que tenemos hoy en día, con capítulos y versículos. Tenían rollos de papel. Era difícil encontrar alguna oración o pasaje específicos porque no estaban divididos en capítulos y versos. Lo que nosotros llamamos el libro de Isaías era una carta.

Así que el hecho de que Juan el Bautista citara parte de lo que nosotros llamamos Isaías 40, que estaba muy cerca, en esa carta, de lo que llamamos Isaías 35, me hace creer que eso es una prueba definitiva de que él había leído estos versos. Él sabía qué era lo que el Mesías haría cuando viniera.

A lo mejor los mensajeros de Juan el Bautista no entendieron. Pero cuando regresaron con Juan y le dijeron: "Pues bien, Él no contestó directamente nuestra pregunta sobre si Él era el Cristo. Sin embargo, hizo que nos esperáramos una hora, y durante ese tiempo Él sanó a ciegos y a sordos. La gente que no podía hablar, habló, y la gente que no podía caminar, caminó. Luego nos dijo que regresáramos y que te dijéramos lo que él había hecho, y que tú serías bendecido si simplemente creías".

Cuando le entregaron el mensaje a Juan, yo creo que el Espíritu Santo relacionó lo que Isaías había profetizado sobre el Mesías y lo que Jesucristo acababa de hacer. La revelación llegó cuando Juan se dio cuenta: "¿Cómo pude dudar que éste era el Mesías? Él ha realizado todo lo que la Palabra de Dios profetizó que Él haría. Ningún otro hombre ha abierto ojos ciegos, y oídos sordos, capacitado al cojo para que camine, ni ha hecho que las lenguas de los mudos canten—sobre todo en el lapso de una hora. Él hasta resucitó a los muertos". Yo creo que el Espíritu Santo vino como un torrente y arrastró todas

---

"¡NO TE DES POR VENCIDO!"

las dudas de Juan el Bautista. Jesucristo apeló al conocimiento que Juan tenía de la Palabra, no solamente a sus emociones. Yo creo que cuando la verdad de la Palabra de Dios disipó las dudas de Juan el Bautista, él empezó a alabar y a darle las gracias a Dios.

¿VICTORIOSO O VÍCTIMA?

Jesucristo no estaba deshonrando a Juan al no darle esos elogios sentimentales. Él no le dijo algo sólo para ayudarlo a sobrevivir por un rato. Fue justamente lo opuesto. Jesucristo honraba a Juan tanto que se negó a darle una repuesta sentimental. En cambio, Él lo remitió a la Palabra de Dios. ¡Eso es algo muy trascendental!

Nosotros queremos cosas sentimentales, como que alguien nos abrace y que llore con nosotros. Eso podría hacerte sentir bien temporalmente y ayudarte a sobrepasar un obstáculo, pero no te va a ayudar a largo plazo. No estoy diciendo que no deberíamos tener compasión por la gente. Sin embargo, a largo plazo, tú debes conocer la verdad. Tú tienes que asirte de la Palabra de Dios. La fe viene por el oír y el oír por la Palabra de Dios (Ro. 10:17). La Palabra de Dios es la espada del Espíritu (Ef. 6:17). Así es como combates tu depresión, el desánimo, y la desesperación. Sin embargo mucha gente simplemente se deshace en lágrimas, esperando que Dios baje a su nivel y que los ayude diciéndoles: "¡Verdaderamente la situación está muy grave!"

Un amigo mío estaba ministrando ánimo en una de nuestras conferencias para ministros. Él había llamado al

---

EL CAMBIO SIN ESFUERZO

frente a la gente que estaba desanimada, y él iba a orar por ellos. A una pareja que se acercó, no era necesario que les preguntaras si estaban desanimados, porque era evidente que lo estaban. Su lenguaje corporal emanaba desánimo. Estaban encorvados, llorando, y se veían muy mal. Mientras estaban en frente de mi amigo, que estaba ministrando la oración, él se les quedó viendo y declaró: "Así dice el Señor: 'No se sientan mal. Si yo no fuera Dios, también estaría desanimado'". Cuando él dijo eso, me animó. Es más, pensé que había sido algo hilarante. Sin embargo, no me pareció que esa pareja se hubiera regocijado mucho con su situación.

Algunos de nosotros pensamos honestamente que nuestros problemas son tan graves que inclusive Dios está preocupado preguntándose cómo se va a encargar de eso. La verdad es que tu problema no es gran cosa para Dios. Sin embargo en muchas ocasiones queremos que Dios baje y que llore con nosotros diciendo: "Yo sé que esto es muy difícil. Estoy afligiéndome contigo". Pero eso no es verdad. El Señor ya logró la conquista. Él es victorioso. Ahora bien, Él sí tiene compasión y amor por ti si te sientes desanimado. No estoy descartando eso. Pero en vez de querer algo sentimental que te haga sentir bien hoy, aunque mañana necesites otra dosis de emociones, lo que necesitas hacer es tomar la Palabra de Dios. Sin importar si sientes ganas o no, levántate y empieza a decir: "Soy un vencedor en Cristo Jesús. No me importa cómo me sienta, lo que alguien haya dicho, ni lo que me ha sucedido. Voy a salir adelante. Soy una persona victoriosa y no una víctima". Empieza a tomar la Palabra de Dios y a aplicarla a tu situación.

"¡NO TE DES POR VENCIDO!"

Mas gracias sean dadas a Dios, que nos da la victoria por medio de nuestro Señor Jesucristo.

1 CORINTIOS 15:57

Esta es la victoria que ha vencido al mundo, nuestra fe.

1 JUAN 5:4

Empieza a declarar la Palabra, y a edificarte a ti mismo.

CON LA MIRADA PUESTA EN LA VERDAD

En cierto sentido, eso es lo que Jesucristo hizo por Juan el Bautista. En vez de darle elogios, Jesús lo remitió a las profecías que él había conocido, las que Dios había usado para llamarlo al ministerio, y que lo habían puesto en el camino correcto. En un tiempo, la Palabra de Dios había motivado a Juan, y por treinta años esas profecías lo mantuvieron enfocado y siguiendo su curso. Pero en una situación de crisis él quitó sus ojos de la Palabra y empezó a dejarse llevar por lo que estaba viendo a su alrededor. Él estaba en prisión, y parecía que se iba a morir. Por eso, Juan se desanimó.

Mientras Pedro se mantuvo viendo a Jesucristo—el autor y consumador de su fe—él caminó sobre el agua (Mt. 14:28-31). Él hizo algo que ninguna otra persona aparte del Señor había hecho antes. Era algo milagroso. Pero cuando Pedro quitó sus ojos de Jesús, y empezó a ver el fuerte viento y las olas, comenzó a hundirse.

EL CAMBIO SIN ESFUERZO

Juan el Bautista había quitado sus ojos de la Palabra, de las verdades que Dios le había inculcado en su corazón. Él estaba viendo su prisión y el hecho de que estaba enfrentando la muerte. Parecía que Herodes el tirano, estaba prevaleciendo y que Juan estaba perdiendo. Juan estaba viendo esas cosas, y había perdido la percepción espiritual de lo que el Señor había dicho. Jesucristo lo remitió a la Palabra, la Palabra con la que Él estaba tan familiarizado.

Cuando eso sucedió, yo creo que el Espíritu Santo dentro de él se animó. Las Escrituras no nos dicen cuál fue la reacción de Juan, pero sí sabemos que él permaneció fiel hasta el fin.

Finalmente, Herodes lo decapitó. No hubo gemidos, lloriqueos, ni renunciamiento a sus creencias. Juan el Bautista permaneció firme. Personalmente creo que cuando Jesucristo le respondió de esa manera, Juan reconoció: "¿Cómo pude haber dudado? Esto es lo que la Palabra dice". A pesar del estado de sus emociones, él volvió a enfocar sus pensamientos en la verdad.

Eso verdaderamente me motiva. Si me dejara guiar por mis emociones, no sé qué sería de mí, porque hay veces que siento ganas de escaparme. Hay ocasiones en las que siento ganas de rendirme y de renunciar. Pero he aprendido a guiarme por la Palabra y no por lo que siento. Esta verdad me ha cambiado, y ha funcionado en mi vida por décadas.

"¡NO TE DES POR VENCIDO!"

RESUCITADO DE ENTRE LOS MUERTOS

Recuerdo la vez que recibí una llamada telefónica a las 4:15 a. m. en la que me dijeron que mi hijo había muerto. Mi esposa y yo nos levantamos inmediatamente y nos vestimos. Nos tomó una hora y quince minutos el manejar desde nuestra casa hasta el hospital de Colorado Springs. Vivimos en un lugar tan remoto que nuestros teléfonos celulares no funcionaban. Durante ese período de tiempo, no tuve ningún medio para ver cómo iban las cosas.

Cuando recibí esa llamada, declaré: "El primer reporte no es el último reporte". Yo verbalicé mi fe; después mi esposa y yo nos pusimos a orar de común acuerdo. Le ordenamos a nuestro hijo que regresara a la vida. Para ese entonces él ya había estado muerto casi por cinco horas. Lo que sucedió después fue algo totalmente milagroso.

Desde el momento en que recibimos la llamada hasta que llegamos al hospital y vimos que él había resucitado de entre los muertos, yo había empezado a tener algunos pensamientos y sentimientos negativos—pena y cosas como ésas. En vez de poner mi atención en eso yo alabé a Dios. En realidad no es mi mérito. Es el Espíritu Santo, y Él se ha pasado mucho tiempo enseñándome y entrenándome. Pero cuando empecé a tener esos pensamientos negativos le imploré al Señor y Él empezó a compartir su Palabra conmigo. Él me volvió a enfocar en las Escrituras y me recordó verdades. Por eso, la Palabra de Dios resurgió en mi interior, y literalmente me opuse a esos sentimientos negativos. Ya no me importaba cómo me sentía.

EL CAMBIO SIN ESFUERZO

Imagínate si alguien te dijera que tu hijo está muerto. ¿Cómo te sentirías? ¿Qué clase de pensamientos pasarían por tu mente? Pues bien, yo estaba experimentando todo lo que tú experimentarías. Pero la Palabra de Dios resurgió dentro de mí, y por la gracia de Dios, nunca dije nada que fuera contrario a lo que la Palabra de Dios dice. De hecho conforme empecé a alabar a Dios, mis emociones cambiaron y empezaron a concordar con Dios. De hecho empecé a regocijarme y a alabar al Señor.

Estoy compartiendo esto para motivarte. Aunque tus emociones te estén jalando por un lado, tú sabes lo que la Palabra de Dios dice. Tú puedes llegar al punto de que la Palabra de Dios sea más real para ti que lo que sientes. Eso es lo que la Biblia llama fe. Es lo que la Palabra llama madurez.

MANTENTE FIRME EN LA PALABRA

Para muchos Cristianos, todo lo que el diablo tiene que hacer es darles la más mínima insinuación de una emoción que sea contraria a lo que la Palabra dice, y se desmoronan como si fueran un castillo de arena. La Biblia dice que tú tienes amor, gozo, y paz (Ga. 5:22), pero basta con que alguien diga algo insignificante y que te critique. A lo mejor tu pastor no te dirigió la palabra cuando estaba caminando por el pasillo. Tú te sientes abandonado e ignorado. A lo mejor alguien dijo algo sobre ti, o esa persona no te dio la atención que necesitas. ¡Deja de chuparte el dedo y madura!

"¡NO TE DES POR VENCIDO!"

Debemos reconocer que la Palabra de Dios es lo que debe funcionar en nuestra vida. ¿Qué tal si estuvieras en una situación de crisis y estuvieras dudando como Juan el Bautista lo hizo? ¿Le pedirías al Señor que te diera una experiencia emocional, que un ángel se te apareciera o que se te pusiera la carne de gallina? ¿Quisieras que alguien te llamara y que te dijera: "Yo pienso que eres maravilloso"? Si estás buscando esa clase de respuestas, estás buscando en el lugar equivocado. Tú debes ir a la Palabra de Dios.

¿Estás haciendo lo que Dios te dijo que hicieras? ¿Tienes una promesa de Él? ¿Te ha guiado para que te muevas en esa dirección? Si lo ha hecho, entonces toma la Palabra de Dios y mantente firme en la fe. No importa cómo te sientas, o si eso trastorna a todos los demonios en el infierno, tú sigue haciendo lo que Dios te dijo que hicieras. No desistas de eso. Llega al punto de que la Palabra de Dios se convierta en la autoridad absoluta en tu vida, y a la convicción de que no vas a desistir a pesar de lo que cualquier persona haya o no haya hecho. Cuando tú obtienes esa clase de actitud y la Palabra de Dios empieza a dominarte, entonces vencerás la duda. Tú estarás andando por fe.

Rara vez la fe es un sentimiento. Rara vez sientes que el valor de repente surge. En algunas ocasiones actuarás con el don de la fe. Sin embargo, la mayoría de las veces que he visto cosas grandiosas suceder en mi vida, me he lanzado con fe. Mis emociones estaban vacilando, pero yo decidí no permitirles que me dominaran. Decidí no dejarme atar por ellas. Yo sabía lo que la Palabra de Dios dice, y me ministré

EL CAMBIO SIN ESFUERZO

ese conocimiento desde mi corazón. Después me mantuve firme en lo que la Palabra de Dios dice; aunque las rodillas me temblaran. Pero eso es la fe.

Algunas personas piensan que la fe es la ausencia de problemas, dudas, o temores. No lo es. La fe consiste en aprender a rechazar esas cosas y a no permitirles que te controlen y a mantenerte firme en la Palabra de Dios.

Capítulo 9
UNA PALABRA MÁS SEGURA

Cuando empecé a buscar al Señor, yo había recibido una formación en la que no se creía que Dios hiciera milagros hoy en día. No había cosas tales como visitaciones angelicales, la voz audible de Dios, o unciones sobrenaturales del Señor. Esas cosas no existían para nosotros. Cuando me bauticé en el Espíritu Santo y empecé a estudiar la Palabra bajo Su unción, me di cuenta de que esas cosas no habían dejado de existir después de los apóstoles. Empecé a escuchar los testimonios de otras gentes, y empecé a desear ver un ángel o que Dios me hablara a mí con una voz audible.

Uno de los ministros al que solía escuchar, decía que con frecuencia cuando ministraba sentía un ardor en las palmas de sus manos. Cuando le ministraba a la gente, él les imponía ambas manos. Si sentía que el ardor en sus manos aumentaba, entonces se trataba de una sanidad. Si no aumentaba, sino que se mantenía estable, entonces se trataba de una liberación. Esa manifestación sobrenatural del poder de Dios causaba una manifestación física real que él podía percibir.

Así que empecé a orar y a buscar al Señor para que me diera cosas como esas. Empecé haciéndole preguntas a Dios: "¿Cómo es que a mí nunca me ha sucedido ninguna de esas cosas sobrenaturales?" A continuación Dios me mostró la verdad acerca de cómo fue que Jesucristo le ayudó a Juan el Bautista a vencer sus dudas. Dios me reveló que la razón por la que Jesucristo no le respondió en un nivel sentimental, sino que uso la Palabra de Dios para llevarlo a un nivel más alto— al nivel en el que le pudiera comunicar la Palabra—fue por el respeto que Dios le tenía a Juan el Bautista. Fue porque Él lo honraba mucho, y no porque lo honrara muy poco, que lo remitió a la Palabra. Yo empecé a darme cuenta de que creer la Palabra de Dios en realidad es la mejor manera de responderle al Señor.

Una vez que comprendí esto, cambié mi actitud y oré diciendo: "Dios, yo quiero lo que más te honre. Si a Ti te honra más que yo tome tu Palabra y que confíe en ella, en vez de que tenga una visión, que escuche una voz audible, o que me visite un mensajero angelical, para que Tú avives las Escrituras en mí y que ésa sea la manera por la cual yo te escuche, entonces me dará mucho gusto hacerlo así". Así que dejé de orar por algo especial.

Ahora bien, con anterioridad el Señor me ha dado sueños. Las Escrituras hablan de algo que se llama una visión nocturna. He tenido sueños en los que realmente sentí que Dios me estaba hablando a mí. Pero nunca he tenido lo que la gente llama una visión abierta—en la que estás despierto y tus ojos están abiertos, pero tú estás viendo en el ámbito sobrenatural. Nunca he escuchado la voz audible de Dios. La mayoría de las cosas que muchas personas dicen haber visto o escuchado, yo nunca las he experimentado. Tampoco estoy desacreditando a esas personas. Solamente estoy diciendo que he aprendido a relacionarme con el Señor a través de Su Palabra, y que honestamente creo que ésa es la voluntad de Dios.

UNA PALABRA MÁS SEGURA

UN NIVEL MÁS ALTO

Satanás también puede aparecerse en el ámbito espiritual. Tú puedes ver y escuchar cosas que podrían llevarte en la dirección equivocada. Pero si tú actúas con base en la Palabra de Dios, estarás seguro. El diablo no puede desacreditar la Palabra de Dios. La Palabra de Dios es la prueba de fuego para todo lo sobrenatural. Es la manera principal de escuchar a Dios.

Ahora bien, hay un equilibrio en relación a lo que estoy enfatizando aquí. Por eso te invito a que consultes mi estudio titulado *How to Hear God's Voice* (**disponible solamente en inglés**) para mayor información. Allí, trato otros aspectos importantes sobre cómo escuchar la voz de Dios que no puedo abarcar aquí.

Sin embargo, tienes que darte cuenta de que quizá el Señor no contestó tu oración de la manera como le habías pedido porque Él tiene algo mejor para ti. A lo mejor tú habías estado esperando que Él bajara y que llorara contigo diciendo: "¡Qué mal está esto!" o bien a lo mejor tú estabas pidiendo una respuesta emotiva que te hiciera sentir mejor. A lo mejor el Señor no te respondió de esa manera porque te ama mucho—y no porque te ama muy poco. Puede ser que Él esté tratando de traerte a un nivel más alto de madurez. Él quiere que vayas más allá de un nivel sentimental, y que aprendas a recibir algo de sustancia de parte de Dios a través de Su Palabra.

En 2 Pedro 1, el apóstol Pedro dijo que reconocía que ya estaba próximo a su muerte. Por lo tanto, sintió que era

EL CAMBIO SIN ESFUERZO

apremiante recordarle a los creyentes las verdades que él había compartido con ellos con anterioridad. Éste fue su propósito al escribir su segunda carta.

> *Por esto, yo no dejaré de recordaros siempre estas cosas, aunque vosotros las sepáis, y estéis confirmados en la verdad presente. Pues tengo por justo, en tanto que estoy en este cuerpo, el despertaros con amonestación; sabiendo que en breve debo abandonar el cuerpo, como nuestro Señor Jesucristo me ha declarado. También yo procuraré con diligencia que después de mi partida vosotros podáis en todo momento tener memoria de estas cosas.*
>
> 2 PEDRO 1: 12-15

UNA MANIFESTACIÓN ESPECIAL

Él continuó diciendo:

> *Porque no os hemos dado a conocer el poder y la venida de nuestro Señor Jesucristo siguiendo fábulas artificiosas, sino como habiendo visto con nuestros propios ojos su majestad. Pues cuando él recibió de Dios Padre honra y gloria, le fue enviada desde la magnífica gloria una voz que decía: Este es mi Hijo amado, en el cual tengo complacencia. Y nosotros oímos esta voz enviada del cielo, cuando estábamos con él en el monte santo.*
>
> 2 PEDRO 1: 16-18

UNA PALABRA MÁS SEGURA

Pedro estaba diciendo: "Estas cosas que les estoy diciendo no son cosas que soñé. No fueron el resultado de indigestión porque comí pizza antes de irme a dormir. No salieron de mi corazón. Estas verdades me las impartió Dios". Después para confirmarlo, dijo: "Nosotros vimos la gloria de Dios cuando Jesucristo estuvo en el Monte de la Transfiguración. La gloría de Dios salía de Jesús de una manera tan brillante que parecía como si fuera el sol. Y no solamente eso, sino que también vimos una nube que cubrió a Jesucristo—la nube de gloria que solía residir en el tabernáculo del Antiguo Testamento. De esta nube salió una voz que decía, 'Éste es mi Hijo amado, en el cual tengo complacencia'".

La razón por la que Pedro dijo todo eso fue para decirles: "Miren, estas no son ideas nuestras. No lo soñamos. Nosotros lo experimentamos. Lo vimos y lo escuchamos". Él estaba ratificando su mensaje, cuando dijo: "Yo sé que lo que estoy diciendo es de Dios".

Esto es como cuando yo vengo a tu ciudad para tener una serie de reuniones. Si yo apareciera en la televisión y anunciara esas reuniones diciendo: "Fui arrebatado y llevado hasta el cielo y me fue dado un mensaje del Señor. Tengo un mensaje de Dios, y voy a estar en tu ciudad este viernes para pronunciarlo. Asiste a las 7:00 p.m.". Si anunciara nuestras reuniones de esa manera, la cantidad de gente que asiste se incrementaría notoriamente. Pero cuando me anuncio y digo: "Vamos a venir a tu ciudad para predicar la Palabra de Dios. Voy a compartir contigo las verdades que el Señor ha compartido conmigo", la asistencia no se incrementa tanto.

EL CAMBIO SIN ESFUERZO

Hace unas dos décadas, una mujer afirmó que en sus reuniones caían plumas del cielo. Después de un tiempo, alguien de hecho la filmó sacándose esas plumas de sus mangas. Otras personas han afirmado que sus manos sudan el aceite de la unción. Algunas personas afirman que en sus reuniones han caído pizcas de oro, y que las han encontrado en sus Biblias. De hecho ha habido personas que me las han mostrado y me han dicho: "Esto hace que la Palabra de Dios sea mucho más real". Si yo produjera alguna cosa física, tangible como ésa, hay muchas gentes que dirían: "¡Vamos a verla!" Pero cuando digo: "Voy a venir y a compartir la Palabra de Dios" no hay tantas personas que se emocionen por eso. Sin embargo, esa actitud está equivocada. En realidad, escuchar a Dios a través de Su Palabra es mejor que el polvo de oro, las plumas, el aceite de la unción, los escalofríos, las nubes de gloria, las visitaciones angelicales, o cualquier otra cosa. Nada vale más que ni substituye la Palabra de Dios. Necesitamos cambiar nuestra manera de pensar en esta área.

Si pudiéramos abrir una de dos puertas, una que dijera "la Palabra de Dios" y otra que dijera "una manifestación especial", la mayoría de la gente preferiría "una manifestación especial".

ALGO MEJOR

Así que en 2 Pedro 1, el apóstol Pedro estaba diciendo: "Sé que voy a morir pronto. Quiero que recuerden estas cosas porque no hemos seguido fábulas artificiosas. No son rumores ni cuentos que soñamos. Hemos visto y escuchado la presencia de Dios de una manera audible y visible. Nosotros estuvimos

---

UNA PALABRA MÁS SEGURA

con Jesucristo cuando Él se transfiguró". Pedro estaba diciendo todo esto para validar, y hacer que la gente recibiera como algo con autoridad, todo lo que había estado diciendo.

Luego añadió lo siguiente en el versículo 19:

Tenemos la palabra profética más segura.

Pedro acababa de hablar de cómo vio a Jesucristo radiar luz. Él vio la nube de gloria que lo cubrió. Él escuchó una voz audible del cielo que dijo: "Éste es mi Hijo amado" (Mt. 17:1-9). Él había visto a Jesucristo resucitar a Lázaro de entre los muertos y sanar al ciego Bartimeo (Jn. 11:43-44; Marcos 10:46-52). Él había visto que el poder de Dios sanó al cojo e hizo que caminara (Hch. 3:6-8). Pedro había visto todas estas cosas. Él estaba relatándolo diciendo: "Esto prueba que lo que hemos visto y oído es real". Pero luego continuó y dijo: "Tenemos algo mejor que todo esto". ¿Qué podría ser mejor que ver a Dios y escuchar su voz de manera audible? ¿Qué podría ser mejor que ver a Jesucristo realizar todos esos milagros?

Los versículos 19-21 dicen:

> *Tenemos también la palabra profética más segura… entendiendo primero esto, que ninguna profecía de la Escritura es de interpretación privada, porque nunca la profecía fue traída por voluntad humana, sino que los santos hombres de Dios hablaron siendo inspirados por el Espíritu Santo.*

EL CAMBIO SIN ESFUERZO

Si juntamos todo esto, Pedro estaba diciendo: "Tenemos algo mejor que una representación visible de Dios, algo mejor que una voz audible de Dios, algo mejor que todos estos milagros físicos y tangibles. La cosa con más autoridad que podríamos compartir contigo para validar la verdad es la Palabra de Dios. La Palabra de Dios es la mejor manera de escuchar a Dios". Por lo tanto, la Palabra de Dios es el medio más fiel y eficaz para contrarrestar nuestros temores y nuestra incredulidad.

AL REVÉS

Eso debería ser obvio. Sin embargo en mis tratos con la gente, la mayoría de las personas quiere que los abraces y que les digas algo confortante. Les gustaría que les dieras un mensaje de estímulo con un chocolate. Les gustarían muchas cosas. Tienen la Palabra de Dios, pero no les importa lo que dice. No lo dirían de esta manera, pero sí se acercan a mí y me preguntan: "¿Podrías orar por mí y darme una palabra de aliento?"

"Pues bien, tú tienes diez mil palabras en ese libro que estás cargando, que tienes en tu buró, o dondequiera que esté tu Biblia. ¿Por qué no la abres y la usas?"

El problema es que la mayoría de la gente no honra la Palabra escrita de Dios como honrarían una profecía, una palabra de ánimo de alguien, o alguna señal visible o audible. Eso está al revés, y precisamente es la razón por la que tenemos tanta duda.

UNA PALABRA MÁS SEGURA

El Señor va a tratar con nosotros en el nivel de nuestra fe. Dios les ha hablado a muchas personas a través de las manifestaciones externas mencionadas. No estoy en contra de eso. Yo conozco a muchas personas que las han tenido, y los testimonios de lo que han escuchado, visto, y experimentado se ajustan a la Palabra de Dios. No dudo que Dios les haya dado esas experiencias. Solamente estoy diciendo que si insistes más en, y tienes más deseo de, tener una señal, una voz audible, una representación visible, o algo milagroso que te ayude—eso es solamente una solución temporal. Esas cosas no perduran por mucho tiempo.

Las circunstancias cambian. Satanás puede aparecerse y darte señales negativas y cosas así. Pero si tú tomaras la Palabra de Dios, y la hicieras tu autoridad máxima y la vieras como si fuera Dios mismo hablándote a ti, entonces la Palabra vencería cualquier duda que tuvieras. La Palabra de Dios te dará la respuesta de todo lo que necesitas saber. Es la mejor manera de escuchar a Dios.

UNA PRUEBA, FÍSICA Y TANGIBLE

Cuando uno de los discípulos del Señor, Tomás (del que se deriva el refrán "como santo Tomás, hasta no ver no creer"), escuchó que el Señor había resucitado de entre los muertos, respondió:

> *Si no viere en sus manos la señal de los clavos, y*
> *metiere mi dedo en el lugar de los clavos, y metiere*
> *mi mano en su costado, no creeré.*
>
> JUAN 20:25

Dicho en otras palabras: "A menos que esto salga del ámbito espiritual y se manifieste en el ámbito físico, no voy a creerlo. Yo necesito una prueba física, y tangible". Así es la mayoría de la gente hoy en día.

Al fin, ocho días después, Jesucristo apareció. Tomás estaba presente esta vez. Después de que invitó a Tomás a que inspeccionara Sus manos y Su costado, el Señor le dijo:

> *No seas incrédulo, sino creyente.*
>
> JUAN 20:27

Tomás contestó: "Señor mío y Dios mío" (Jn. 20:28). Luego Jesucristo le dijo:

> *Porque me has visto, Tomás, creíste; bienaventu-*
> *rados los que no vieron, y creyeron.*
>
> JUAN 20:29

Jesucristo bendijo más el creer con base en la Palabra que creer con base en una experiencia física.

UNA PALABRA MÁS SEGURA

DA UN PASO HACIA ARRIBA

Quizá eso no parezca muy emocionante porque tú ves la Palabra de Dios como si estuviera muerta, sin vida y seca. Es porque no te has propuesto sincera y seriamente que el Espíritu Santo la vivifique para ti. Pero créeme, la Palabra de Dios está viva. Es vivificante. Es eficaz (He. 4:12). Es la palabra profética más segura (2 P. 1:19). Una mayor bendición y unción se liberarán en tu vida si tú puedes aceptar las verdades de la Palabra de Dios por fe y decir: "Yo creo que éste es Dios hablándome a mí. He recibido esta revelación por el Espíritu Santo, y no necesito que se me ponga la carne de gallina ni dos visiones para confirmarla. Esto es lo que la Palabra de Dios dice". Si tú adoptaras esta actitud, y empezaras a creer y a basar tu vida en la Palabra de Dios, habría una mayor unción y manifestación de fe a través de esa actitud que a través de todas las otras cosas que la gente busca.

Dios quiere traerte a un nivel más alto. La razón precisa por la que Él quizá no ha contestado tus ruegos, tus llantos, y tus súplicas pidiéndole que te dé un sueño, una visitación angelical, o que alguien te llame por tu nombre y que te dé una palabra profética directamente, es por lo mucho que te ama. Dios no quiere dejarte en el primer peldaño de la escalera. Él quiere subirte a un peldaño más alto y que empieces a confiar en Él y en Su Palabra.

En 1978, mi esposa y yo, y nuestros dos niños, fuimos a California a una conferencia en la costa del Este organizada por Kenneth Copeland. En esa época, yo estaba pastoreando una iglesia pequeña, así que esas eran unas vacaciones muy buenas para nosotros. Reunimos todos los recursos que teníamos. Fui esperando escuchar algo de parte de Dios.

El Señor me había estado hablando sobre hacer un cambio en mi ministerio. Siempre había pastoreado iglesias hasta ese entonces, y el Señor me estaba diciendo que empezara a viajar y a ministrar como lo estoy haciendo ahora. Eso era un gran paso de fe para mí, así que fui a esa conferencia creyendo verdaderamente que iba a recibir una palabra profética de Dios.

Había miles de gentes en esa convención. Nos sentamos en la galería—en el lugar más alto, en donde están las localidades más baratas. Estábamos tan lejos, que ni siquiera estoy seguro de que Kenneth Copeland pudiera habernos visto desde la plataforma. Sin embargo, en mi corazón yo había puesto todas mis esperanzas en él para obtener una repuesta, diciendo: "Estoy creyendo que Dios me va a dar una palabra. Dios mío, dame una profecía".

"¿POR QUÉ NO CONFÍAS EN MÍ?"

Justamente cuando yo estaba orando y pidiéndole a Dios una profecía, Kenneth empezó a profetizar. Él estaba parado allí en la plataforma, pero parecía que estaba señalándome precisamente a mí. Yo estaba asombrado. Pensé: "¡Funcionó! ¡Dios me está hablando a mí!" Esa profecía básicamente decía: "Haz lo que te he dicho que hagas. Te he dicho que actúes y pongas manos a la obra. Voy a cubrir tus necesidades. Toma este paso de fe. Viene un cambio. Tienes que salir de donde estás, y debes dirigirte hacia esa tierra prometida que Dios te ha dado" y otras cosas trascendentales.

Todo lo que Kenneth Copeland estaba diciendo era igual, casi palabra por palabra, a lo que Dios me había dicho en mi corazón. Estaba muy emocionado. Pensé: "¡Funcionó! ¡Dios me está hablando directamente a mí!" Luego, al final de esa profecía, Kenneth dijo: "¿Escuchaste esa profecía Ed? Es para ti". Miré hacia abajo y vi al hombre llamado Ed, que estaba parado abajo en el primer piso. En realidad Kenneth Copeland le estaba dando una palabra profética a él. Mientras yo estaba orando y pidiéndole a Dios que me diera una palabra, no me di cuenta de lo que había sucedido al principio. Así que cuando escuché que mencionó el nombre de Ed, mi corazón se deprimió. Pensé: "¡Oh, Dios. Yo pensé que me estabas hablando a mí!"

El Señor le habló a mi corazón y dijo: "Si esa profecía hubiera sido para Andrew Wommack, ¿habrías aprendido algo que no te hubiera dicho con anterioridad? ¿Habrías recibido alguna información nueva que no te la hubiera revelado a ti cuando estudiabas la Palabra y orabas?"

Contesté: "No".

"Entonces ¿por qué no confías en Mí en vez de creer que necesitas tener todas esas otras cosas? ¿Por qué no llegas al punto de que mi Palabra sea suficiente?"

EL CAMBIO SIN ESFUERZO

PADRE, ¡TIENES RAZÓN!

El Señor me estaba reprendiendo amorosamente. Así que con base en eso dije: "Padre, ¡tienes razón! No voy a necesitar tres confirmaciones. Yo sé lo que tú me dijiste en mi corazón". Tomé una decisión. Así que poco después, dejamos la iglesia que estábamos pastoreando y empezamos a viajar. Fue un cambio de dirección muy grande en mi vida y en mi ministerio.

La mayoría de nosotros no queremos simplemente tomar la Palabra de Dios. Somos muy inseguros. No tenemos fe exclusivamente en la Palabra de Dios y en que el Espíritu Santo nos la vivifique. Queremos que todo el mundo venga y nos de diez confirmaciones para que no tengamos nada de duda. Pero ese tipo de confirmaciones no son ordinarias.

La Palabra de Dios es una palabra profética más segura que cualquier otra cosa que tú pudieras obtener. Si tú tomas la Palabra de Dios, empiezas a meditar en ella, y le permites al Espíritu Santo que la aplique a tu situación, y luego actúas con base en eso—ésa es la modalidad más grande de fe que pudieras tener. Ésa es la fe que está basada total y únicamente en la Palabra de Dios.

Si estás dispuesto a aceptar estas maravillosas verdades y a aplicarlas a tu vida, serás transformado.

UNA PALABRA MÁS SEGURA

Capítulo 10
LEE CON TU CORAZÓN

Cuando empecé a buscar al Señor, las parábolas de Marcos 4 me impactaron profundamente. Transformaron mi vida y me dieron una trayectoria. En realidad me marcaron un camino por correr. Yo sabía que Dios tenía unos planes maravillosos para mi vida, y que era necesario que se diera mucha madurez y cambio en mí, pero no sabía por dónde empezar. No sabía cómo ir de donde estaba a donde yo había visto en mi corazón que Dios quería que fuera. Conforme estaba buscándolo, el Señor de una manera específica me habló de estas parábolas. Todavía las uso semanalmente, y con frecuencia a diario. Se han entretejido en la misma estructura de mi vida.

Jesucristo enseñó diez parábolas sobre cómo funciona el reino de Dios el mismo día que ministró la parábola del sembrador. Puedes ver esto si tomas todas las Escrituras de Mateo, Marcos, Lucas, y Juan, y las ordenas cronológicamente una al lado de la otra, como están ordenadas en mi estudio titulado *Life for Today Study Bible and Commentary—Gospel's Edition.* Es una gran ayuda poder ver todos los relatos de los Evangelios sobre un acontecimiento en particular en una misma página. Ésta es la información concerniente a un día de la vida de Jesucristo que recibió más información en toda la Palabra.

> *Comenzó a enseñar de nuevo junto al mar; y se*
> *llegó a El una multitud tan grande que tuvo que*
> *subirse a una barca que estaba en el mar, y se*
> *sentó; y toda la multitud estaba en tierra a la*
> *orilla del mar. Les enseñaba muchas cosas en*
> *parábolas; y les decía en su enseñanza:*
>
> MARCOS 4: 1-2

Entonces Jesucristo empezó a enseñar lo que yo llamo la parábola del sembrador que siembra la semilla.

> *¡Oíd! He aquí, el sembrador salió a sembrar; y*
> *aconteció que al sembrar, una parte de la semilla*
> *cayó junto al camino, y vinieron las aves y se la*
> *comieron. Otra parte cayó en un pedregal donde*
> *no tenía mucha tierra; y enseguida brotó por no*
> *tener profundidad de tierra. Pero cuando salió el*
> *sol, se quemó; y por no tener raíz, se secó. Otra*
> *parte cayó entre espinos, y los espinos crecieron y la*
> *ahogaron, y no dio fruto. Y otras semillas cayeron*
> *en buena tierra, y creciendo y desarrollándose,*
> *dieron fruto, y produjeron unas a treinta, otras a*
> *sesenta y otras a ciento por uno. Y El decía: El*
> *que tiene oídos para oír, que oiga.*
>
> MARCOS 4:3-9

CUATRO TIPOS DE SUELO

Jesucristo compartió una parábola sobre un hombre que salió a sembrar semilla. Este hombre no hizo surcos ni plantó

LEE CON TU CORAZÓN

las semillas una por una. En aquel entonces, esa persona habría llevado consigo algo como un costal con toda la semilla dentro. El sembrador caminaba por la parcela, arrojando la semilla y dejando que cayera por dondequiera. De acuerdo a la parábola básicamente había cuatro tipos diferentes de suelo en los que la semilla cayó.

El versículo 4 revela el primer tipo de suelo y dice:

> *Una parte cayó junto al camino, y vinieron las aves del cielo y la comieron.*

Dicho en otras palabras, la semilla ni siquiera penetró la superficie del suelo. Los pájaros vinieron y se la comieron antes de que echara raíces.

La semilla sí empezó a penetrar la superficie del segundo tipo de suelo, pero había muchas piedras (Mr. 4:5-6). Había tantas piedras que la tierra no era profunda, por lo tanto la semilla no rindió adecuadamente.

En el tercer tipo de suelo la profundidad de la tierra era buena. La semilla empezó a germinar, pero había hierbas que la ahogaron y le impidieron que diera fruto (Mr. 4:7).

El cuarto tipo de suelo dio fruto—hasta a ciento por uno de la semilla que fue sembrada (Mr. 4:8).

Ésa es la parábola en resumidas cuentas.

EL CAMBIO SIN ESFUERZO

ESPIRITUALMENTE INSENSIBLES

Después de que Jesucristo compartió la parábola, Sus discípulos se le acercaron y le pidieron una interpretación. Ellos pensaban que esa parábola solamente se refería a alguien que siembra semilla y a cómo la semilla germina y produce fruto. Ellos sabían que tenía que haber alguna aplicación espiritual, pero no sabían cuál era. Por lo tanto le pidieron que les diera la interpretación de la parábola. También le preguntaron: "¿Por qué le hablas a esta gente por parábolas?" (Mt. 13:10).

> *Él respondiendo, les dijo: Por que á vosotros es concedido saber los misterios del reino de los cielos; mas á ellos no es concedido. Porque á cualquiera que tiene, se le dará, y tendrá más; pero al que no tiene, aun lo que tiene le será quitado. Por eso les hablo por parábolas; porque viendo no ven, y oyendo no oyen, ni entienden.*
>
> MATEO 13:11-13

La gente se ha vuelto muy dura para con Dios. No pueden comprender la verdad espiritual porque su manera de pensar es muy incongruente con la manera como Dios se propuso que fuéramos. Son espiritualmente insensibles.

LEE CON TU CORAZÓN

Porque el corazón de este pueblo se ha engrosado, y con los oídos oyen pesadamente, y han cerrado sus ojos; para que no vean con los ojos, y oigan con los oídos, y con el corazón entiendan, y se conviertan, y yo los sane.

MATEO 13:15

Aunque Jesucristo hizo esta asombrosa declaración enfrente de un grupo de personas hace dos mil años, también es muy descriptiva de nuestra época. Él dijo "el corazón de esta gente se ha engrosado". Esto literalmente está hablando de un proceso que se incrementa paso a paso. Una persona no rechaza a Dios instantáneamente, y de repente se vuelve insensible e inepto para escucharlo. Es un proceso.

EL CÓDIGO ESPIRITUAL

Esta palabra "engrosar" se refiere a la manera de hacer las velas antiguas de cera. Tomaban un pabilo y lo metían a la cera caliente. Continuaban metiéndolo una y otra vez, poniendo capa sobre capa de cera, hasta que formaban la vela.

Así se han hecho nuestros corazones. Al someternos al proceso de ser dominados por las cosas de este mundo, nos hemos hecho espiritualmente insensibles. Ni siquiera tienen que ser cosas malas. Hasta pueden ser cosas naturales. Nos enfocamos tanto en las tragedias, las noticias, el entretenimiento, etc., que capa por capa nos hemos desconectado de una manera de pensar espiritual. Vivimos y nos movemos en un mundo físico, y no hay muchas personas que verdaderamente pasen mucho tiempo en la Palabra de Dios, en comunión con Él, permitiendo que sus corazones escuchen y aprendan cosas espirituales. Nos hemos dejado absorber tanto con las cosas físicas que después de un tiempo capa tras capa de negligencia se acumulan y literalmente entorpecen nuestra manera de pensar.

Así que una de las respuestas que el Señor dio sobre por qué enseñaba por parábolas es que los corazones de la gente se habían vuelto muy insensibles. Se habían "**engrosado**". Sus oídos oían pesadamente. Tenían ojos, pero no podían ver. El Señor no puede hablarle a mucha gente hoy porque son muy carnales. No tienen nada de sensibilidad espiritual en sí mismos que les permita ser capaces de recibir.

Dentro de cada persona hay una chispa. Hay un potencial para la percepción espiritual y para recibir de Dios, pero debe ser desarrollado. Como la mayoría de la gente se pasa muy poco tiempo enfocada en las cosas del Señor, se han hecho espiritualmente insensibles. Puesto que no hay manera de hablarle a gente como ésa, El Señor pone las verdades espirituales en parábolas.

Jesucristo procedió a decir que los discípulos tenían una unción especial de Dios que los capacitaba para descifrar y aprender esas verdades espirituales. Éste es el segundo objetivo por el cual el Señor hablaba por parábolas. Las parábolas eran como un código espiritual. Las verdades estaban ocultas para la gente que no tenía oídos para escuchar. Para aquellos que no buscaban a Dios y que no lo amaban, las parábolas parecían tontas y eran rechazadas. Pero para los que aman a Dios, el

Espíritu Santo ha sido dado específicamente para que descifre y nos explique estas verdades.

> *Pero bienaventurados vuestros ojos, porque ven; y vuestros oídos, porque oyen. Porque de cierto os digo, que muchos profetas y justos desearon ver lo que veis, y no lo vieron; y oír lo que oís, y no lo oyeron. Oíd, pues, vosotros la parábola del sembrador.*

MATEO 13:16-18

"¿QUÉ SIGNIFICA?"

Jesucristo estaba explicando que ellos tenían una unción especial. La primera de Juan 2:20 dice que tú:

> *Tenéis la unción del Santo, y conocéis todas las cosas.*

El Espíritu Santo nos ha sido enviado específicamente para enseñarnos y explicarnos cosas que no podemos saber solamente con nuestra mente natural (Jn. 14:26; 16:13-15). El Señor usó en sus parábolas ejemplos de cosas físicas y naturales que la gente podía entender. Aquélla era una sociedad agrícola, por lo tanto estaban acostumbrados a ver gente sembrando semilla. Tenían una relación muy estrecha con la tierra. Sin embargo, había verdades espirituales escondidas y entretejidas dentro de cada parábola para revelar las cuales fue dado el Espíritu Santo.

Lo mismo es verdad hoy. Algunas gentes preguntan: "¿Por qué fue escrita la Palabra de esta manera? ¿Por qué el

Señor no registró todo lo que quería decirnos de una manera más directa?". La verdad es que, no tenemos la capacidad en nuestra mente física para comprender las verdades espirituales que Dios está tratando de comunicarnos. Por lo tanto él tuvo que ponerlas en esa forma. Sin embargo, el Espíritu Santo nos ha sido dado a cada uno de nosotros para que nos explique la Palabra de Dios.

Mucha gente ataca la Palabra, criticándola y diciendo: "La Biblia es muy difícil de entender". Es porque la están leyendo con la mente. Si tú estás tratando de entender las cosas sólo con tu cabeza de chorlito, entonces estoy de acuerdo, la Palabra podría ser difícil de entender. Sin embargo, la Palabra no fue escrita para tu cabeza. Ahora bien, eso no significa que no tenga lógica. No significa que esté equivocada o que no tenga sentido. La Palabra de Dios es distinta de las cosas que este mundo nos enseña. No fue escrita para nuestra mente carnal, natural. El Señor escribió la Palabra de Dios para nuestro corazón.

Tú puedes leer la Palabra de Dios con tu corazón. Conforme empiezas a leer la Palabra de Dios, a lo mejor no comprendes con tu cabeza de chorlito todo lo que estás leyendo. Pero cuando te topes con algo así, detente y pide en oración: "Padre, no comprendo esto. ¿Qué significa?" Luego empiezas a meditar sobre esa escritura, abriendo tu corazón para escucharlo y le dices de corazón: "Quiero conocerte. Quiero saber lo que dice tu Palabra". Dios—a través de Su Palabra—empezará a hablarte a ti.

LEE CON TU CORAZÓN

LA PIEDRA DE ROSETTA

Quizá ya habías experimentado esto antes, así que sabes de qué estoy hablando. Quizá, al igual que yo, no puedes verbalizarlo de la mejor manera, pero tú reconoces que hay cosas que tú sabes que están más allá de las palabras que lees en una página. Es lo que Dios te dijo en tu corazón.

O a lo mejor no habías experimentado esto antes, así que estás batallando para comprender.

Una de las cosas más grandiosas de mi vida Cristiana es tener la capacidad de tomar la Palabra de Dios y leerla con mi mente, pero al mismo tiempo que estoy viendo las páginas voy más allá de mi mente y le permito a mi corazón que escuche. Dios me habla a mí. Su Palabra cobra vida. Literalmente es como si me bombeara vida a través de la Palabra. Si tú no has experimentado eso, te estás perdiendo de una de las mejores experiencias en la vida.

La Parábola del sembrador que siembra la semilla transformó mi vida. Estas verdades que voy a compartir contigo durante el resto de este libro son unas de las verdades más fundacionales que Dios me ha mostrado. Si el sembrador que siembra la semilla no es una de tus escrituras favoritas—escrituras que verdaderamente han transformado tu vida—entonces te estás perdiendo de una de las claves más importantes de la vida Cristiana.

De hecho, después de que Jesucristo compartió esta parábola, Sus discípulos preguntaron: "¿Por qué le estás hablando a esta gente por parábolas?" El Señor contestó:

> *¿No sabéis esta parábola? ¿Cómo, pues, entenderéis todas las parábolas?*
>
> MARCOS 4:13

Jesucristo estaba diciendo: "Si no puedes entender esta parábola, entonces no podrás entender ninguna de mis parábolas. Si no puedes obtener la interpretación y la aplicación de esta parábola a tu vida personal, entonces no puedes entender mi enseñanza". Dicho en otras palabras, esto es algo crítico. Yo le llamo La Piedra de Rosetta de la Biblia.

LA CLAVE

Por mucho tiempo, los arqueólogos habían estado excavando en Egipto. Encontraron toda clase de jeroglíficos egipcios, pero no tenían la clave para revelar el significado de esos escritos. Nadie conocía el lenguaje. Había una gran cantidad de información registrada por los antiguos egipcios, pero todo estaba en esos jeroglíficos que nadie sabía leer.

Un día los arqueólogos encontraron una piedra, que más adelante fue conocida como La Piedra de Rosetta. Tenía un mismo texto escrito en tres idiomas diferentes, incluidos los jeroglíficos egipcios. Los dos idiomas que estaban registrados en la piedra y que eran conocidos, les permitieron empezar a descifrar los jeroglíficos que anteriormente eran desconocidos.

LEE CON TU CORAZÓN

La Piedra de Rosetta se convirtió en la clave que reveló todo ese lenguaje. Desde ese entonces han sido capaces de leer y comprender toda clase de registros que los egipcios antiguos nos dejaron en jeroglíficos.

La parábola del sembrador que siembra la semilla es La Piedra de Rosetta de la Biblia. Nuestro Señor estaba diciendo: "¿No comprenden esta parábola? ¿Si no comprenden esta parábola cómo comprenderán todas las demás?" Ésta es la clave para comprender todas las parábolas —todas las enseñanzas— que Jesucristo dio. Cristo mismo declaró: "Ésta es la clave. Si tú comprendes esta parábola, puedes entender cualquier parábola. Si no comprendes esta parábola, no comprenderás ninguna de ellas". ¡Eso es muy trascendental!

Esta parábola es una enseñanza fundacional de Jesucristo. Es algo que todo aquel que quiera prosperar en el reino de Dios debe aprender. Éstas son verdades fundamentales, y fundacionales con las que debemos operar y en las que debemos basar nuestra vida cotidiana.

Así que si estos versículos que hablan de la parábola del sembrador que siembra la semilla (Mt. 13, Mr. 4, Lc. 8) no son algunos de los versículos más importantes en tu vida— no son versículos con los que Dios te ha hablado—entonces ésa es una razón por la que no tienes una comprensión clara de la Biblia. Es una razón por la que no entiendes cómo opera el reino de Dios, y tienes que buscar a alguien más para pedirle ayuda. Es porque no tienes capacidad personal para comprender. Tú estás dependiendo de otras personas que se han desarrollado espiritualmente y que han aprendido a relacionarse con el Señor.

Si tú aprendes estas Escrituras, cambiarán tu vida. A lo mejor tú estás diciendo: "¡Con eso me basta, me convenciste! ¡No te detengas y dime estas verdades!" No es difícil comprender las cosas de Dios. Lo más difícil es hacer que la gente escuche con el corazón.

LEE CON TU CORAZÓN

Capítulo 11
LA SEMILLA

Jesucristo interpretó la parábola del sembrador para sus discípulos, y les dijo:

> *El sembrador es el que siembra la palabra. Y éstos son los de junto al camino: en quienes se siembra la palabra, pero después que la oyen, en seguida viene Satanás, y quita la palabra que se sembró en sus corazones. Estos son asimismo los que fueron sembrados en pedregales: los que cuando han oído la palabra, al momento la reciben con gozo; pero no tienen raíz en sí, sino que son de corta duración, porque cuando viene la tribulación o la persecución por causa de la palabra, luego tropiezan. Estos son los que fueron sembrados entre espinos: los que oyen la palabra, pero los afanes de este siglo, y el engaño de las riquezas, y las codicias de otras cosas, entran y ahogan la palabra, y se hace infructuosa. Y éstos son los que fueron sembrados en buena tierra: los que oyen la palabra y la reciben, y dan fruto a treinta, a sesenta, y a ciento por uno.*
>
> MARCOS 4:14-20

Jesucristo estaba hablando sobre un hombre que tomó la semilla y empezó a arrojarla por todas partes. (Así era como sembraban en esa época). Conforme arrojaba la semilla, ésta

---

EL CAMBIO SIN ESFUERZO

cayó en cuatro tipos diferentes de suelo. Él continuó hablando de cómo esos cuatro tipos diferentes de suelo reaccionaron al permitir o no que la semilla germinara. De eso se trata la parábola.

SIMPLE

El verdadero propósito de esta parábola no es enseñarte cómo sembrar la semilla o cómo ser un agricultor. Jesucristo simplemente tomó un ejemplo del ámbito natural con el cual pudiéramos identificarnos y lo usó para ilustrar una verdad espiritual.

Marcos 4:14 es la clave de toda esta parábola.

El sembrador es el que siembra la palabra.

Lucas 8:11 lo comunica de esta manera:

Esta es, pues, la parábola: La semilla es la palabra de Dios.

La semilla que se siembra es la Palabra de Dios. Así que en realidad toda esta parábola no habla de cómo ser un agricultor y cómo obtener una cosecha. Esta parábola habla de cómo funciona el reino de Dios; y éste funciona a partir de la Palabra de Dios.

La gente siempre está buscando algo más profundo o más complejo, pero esto es tan simple que vas a necesitar que alguien te ayude a malinterpretarlo. Todo el reino de Dios—la vida

Cristiana, tu victoria, tu éxito como creyente —es tan simple como tomar la Palabra de Dios y sembrarla en tu corazón. Si tan sólo cooperas con esto y le permites a la Palabra de Dios que germine, tú cambiarás cómodamente.

DESILUSIONADO Y SORPRENDIDO

Hay razones muy específicas por las que Jesucristo escogió usar una semilla para demostrar cómo funciona la Palabra de Dios. La razón es que hay una gran similitud entre la manera como funciona una semilla en el ámbito natural y la manera como la Palabra de Dios funciona en nuestra vida.

En al ámbito natural, llamaríamos "loca" a la persona que espera que un jardín crezca sin cultivar la tierra, plantar y regar las semillas. Si tú no hiciste ninguna de las cosas necesarias para cultivar un jardín, no te sorprenderías si un jardín no crece en tu vida. Sin embargo, en el ámbito espiritual, esto sucede con mucha frecuencia.

La gente que nunca plantó nada de semilla se siente desilusionada y sorprendida porque no tienen un jardín. Se preguntan: "¿Por qué no estoy sano? ¿Cómo es que no he prosperado? ¿Por qué Dios no ha contestado esta oración? ¿Por qué tengo tantos problemas con mis relaciones personales? ¿Por qué no puedo retener un empleo? ¿Por qué parece que en mi vida nunca funciona nada?" Esas personas han estado orando y haciéndole preguntas a Dios pero no han tomado Su Palabra ni las promesas que ésta contiene ni han sembrado esas verdades en sus vidas.

EL CAMBIO SIN ESFUERZO

Muchas de estas personas han venido a mí y me han dicho: "Oré y le pedí a Dios que me sanara". Yo les he preguntado: "¿En qué versículos estás basando tu fe para ser sanado? ¿Qué promesa o promesas—las semillas de la Palabra de Dios—has sembrado en tu vida para producir esa sanidad?"

Han contestado: "No sé qué dice la Palabra. Sólo sé que ésta es la voluntad de Dios. Creo que Dios quiere sanarme". Pero no están basando su fe en ningún versículo. No tienen una promesa. No han sembrado Su Palabra en sus corazones.

LA PROMESA DE LA SANIDAD FÍSICA

Es beneficioso conocer las citas de las promesas en la Palabra de Dios. Por ejemplo, Isaías 53:4-5 dice:

> *Ciertamente llevó él nuestras enfermedades, y sufrió nuestros dolores; y nosotros le tuvimos por azotado, por herido de Dios y abatido. Mas él herido fue por nuestras rebeliones, molido por nuestros pecados; el castigo de nuestra paz fue sobre él, y por su llaga fuimos nosotros curados.*

Más adelante en Mateo 8:16-17, se encuentra la interpretación de esos versículos.

Y cuando llegó la noche, trajeron a él muchos endemoniados; y con la palabra echó fuera a los demonios, y sanó a todos los enfermos; para que se cumpliese lo dicho por el profeta Isaías,

---

LA SEMILLA

cuando dijo: El mismo tomó nuestras enfermedades, y llevó nuestras dolencias.

Esto revela que Isaías no estaba hablando solamente de una sanidad de tipo emocional o espiritual. Como lo que Jesucristo hizo en Mateo 8 cumple lo que Isaías 53 profetizó, es claro que también hemos recibido la promesa de la sanidad física a través de Su expiación.

Para más versículos concernientes a la sanidad, por favor consulta la sección titulada **¿Siempre es la voluntad de Dios sanar a la gente?** en la parte final de mi libro **Dios Quiere que Estés Sano**.

LA RAZÓN NÚMERO UNO

Es importante saber dónde están esos versículos porque eso te ayuda a ti. Especialmente, te ayuda para que seas capaz de compartir estas verdades con otras personas.

Sin embargo, voy a transigir en este punto. A lo mejor no conoces el lugar exacto donde se encuentra un versículo en las Escrituras. Quizá no te sabes la cita de memoria. Es posible que tengas que refrescarte la memoria y que necesites buscar la referencia. Pero esas verdades—esas revelaciones—deberían ser tuyas.

Cuando tú tienes síntomas de enfermedad en tu cuerpo, y estás acostado en tu cama a punto de vomitar, no es suficiente que le ruegues a Dios diciendo: "Yo sé que en algún lugar en la Biblia dice que Tú quieres sanarme". Ésa no es la manera como funciona el reino. Más bien es como la persona que no ha plantado un jardín pero que está orando para recibir una cosecha. Eso no va a funcionar.

La razón número uno por la que la gente no está recibiendo lo que espera de parte de Dios es que literalmente no han tomado las verdades de Su Palabra ni las han plantado en su corazón. Es por eso que la gente no está experimentando la victoria que desean y por la que han orado, rogado y suplicado a Dios para que se las dé. Es por eso que el Señor usó esta clase de parábolas. Él quiere que comprendamos cómo funciona Su reino. El sembrador siembra la Palabra. La semilla de la que Él está hablando no es una semilla física. Más bien quiere decir que la Palabra de Dios es como una semilla.

Si tú quieres sanidad en tu vida, toma los versículos que hablan sobre la sanidad y medita en ellos. Consulta todos los versículos de la Biblia sobre la sanidad. Estudia los ejemplos de la Biblia en los que la gente fue sanada.

LA VERDAD NO PECA PERO INCOMODA

Proverbios 4:22 dice que las palabras de Dios son:

Vida a los que las hallan, y medicina a todo su cuerpo.

Si tú tomas la Palabra de Dios como una semilla, y empiezas a plantarla en tu corazón, literalmente empezará a liberar sanidad sobrenatural en tu vida.

LA SEMILLA

El Salmo 107:20 dice que Dios:

Envió su palabra, y los sanó, y los libró de su ruina.

La Palabra de Dios te traerá sanidad y liberación.

No estoy regañando a nadie. Solamente estoy tratando de ser contundente en esto porque mucha gente se lo está perdiendo en gran medida. El reino de Dios funciona con base en la verdad de que la Palabra de Dios es una semilla.

Debes plantar semillas para producir una cosecha, como en el ámbito natural. No puedes tener un bosque si no plantas muchas semillas. No puedes tener victoria en tu vida si la Palabra de Dios no es plantada en tu corazón. La verdad no peca pero incomoda. Es algo simple, pero es verdad. Así es como opera el reino de Dios.

CALIDAD Y CANTIDAD

Si te llenas de humildad y recibes esta verdad, te dará la respuesta cuando preguntes por qué no estás viendo más victoria en tu vida de la que estás viendo. No estás siendo humilde, por eso es que no estás viendo una mayor manifestación del poder de Dios. La persona común y corriente no está meditando en la Palabra de Dios. No está pasando tiempo—ni calidad ni cantidad de tiempo—en la Palabra de Dios. La persona común y corriente no tiene una buena comprensión de la Palabra de Dios.

EL CAMBIO SIN ESFUERZO

Puedo decir eso porque con frecuencia trato con miles de personas. Casi todas las personas que vienen a mí con su triste historia—no estoy tratando de menospreciar a ni de burlarme de nadie—se acercan llorando y quejándose. Pero la verdad es que tú podrías tomar el conocimiento de la Palabra de Dios de estas personas y ponerlo en un dedal y el dedal quedaría casi vacío. No saben qué dice la Palabra de Dios. O podrían decir: "Mi pastor dice…" o "creo que la Biblia dice esto por alguna parte". ¡Eso no te va a sanar! La Palabra de Dios debe ser una revelación para ti. Tiene que estar viva en ti. Tú no has tomado las promesas de Dios como si fueran una semilla, no las has plantado en tu corazón, ni has meditado en ellas, y por eso es que no has visto que la Palabra de Dios funcione.

Te estás preguntando: "¿Por qué Dios no está contestando mi oración?" ¡Él ya te dio las semillas! Es como la persona que ora por la tierra y dice: "¿Dios, cómo es que no has permitido que este jardín produzca?" ¡Tú no plantaste las semillas!

Dios ha establecido leyes naturales, y Él no las va a quebrantar. También ha establecido leyes espirituales, y tampoco las quebrantará. El Señor ya envió Su Palabra y los sanó y los liberó de todas sus destrucciones (Sal. 107:20). En toda la Palabra hay promesas que revelan a Dios como nuestro Sanador y Proveedor y revelan la manera como Él quiere hacernos prosperar, pero para ver Su sanidad y Su provisión tú debes tomar la Palabra de Dios y debes empezar a plantarla en tu vida.

LA SEMILLA

Una de las razones por las que el Señor usó la parábola del hombre que siembra la semilla es que se refiere a un sistema natural, no a un sistema social. Los sistemas sociales—operados o creados por el hombre—pueden ser quebrantados o manipulados. La mayoría de nosotros hemos cursado la escuela, pero en realidad no estudiamos para nuestros exámenes como debimos haberlo hecho. Perdíamos el tiempo con nuestros amigos y nos esperábamos hasta el último minuto para estudiar. Luego una noche antes del examen, nos quedábamos despiertos toda la noche y nos llenábamos la cabeza de información para el examen final. Fuimos capaces de pasar el examen, de obtener una calificación, y de graduarnos, pero quebrantamos el sistema. Aprendimos el material. Pero no está registrado en nuestra memoria. Lo que hicimos fue manipular las cosas. Pero no puedes hacer eso con un sistema natural.

"NO LO COMPRENDO"

Un hombre que asistía a un estudio Bíblico que yo daba, era probablemente uno de los peores pecadores del condado. Era un borracho y un mujeriego. Hizo de todo. Después de vivir de esa manera fue vuelto a nacer milagrosamente y bautizado en el Espíritu Santo. Así como había servido al diablo, así cambió y sirvió a Dios con todo su corazón. Todo el mundo en la región se había dado cuenta de lo que le había sucedido a ese hombre. Él no podía ir a ningún lado—la oficina de correos, el supermercado, ni a la gasolinera—sin que la gente se diera cuenta de su transformación. Por lo tanto tenía muchas oportunidades para compartir el testimonio de lo que Dios había hecho en su vida. Él empezó a hablarle a todo el mundo del Señor. Este

EL CAMBIO SIN ESFUERZO

hombre dispuso su casa para un estudio bíblico y me invitó para que fuera y enseñara la Palabra. Entre unas sesenta o setenta personas asistían a ese estudio Bíblico tan sólo para ver el cambio en este hombre.

Este hermano tenía mucho entusiasmo, pero cometió algunos errores graves porque él no tenía mucho conocimiento de la Palabra. Él había empezado a viajar compartiendo su testimonio en diferentes reuniones, además de todo lo que estaba haciendo en su iglesia. Así que esa temporada no tuvo tiempo de cultivar su tierra como lo hacía normalmente. Este hombre tenía tanta tierra que la contaba por secciones. Cada sección tenía 640 acres. Él no tuvo tiempo de plantar su trigo porque estaba muy ocupado evangelizando para el Señor y compartiendo su testimonio con la gente. Como sus deseos e intenciones eran buenos—él estaba amando al Señor, y todas esas cosas eran buenas—este hermano supuso que Dios iba a bendecirlo de manera sobrenatural con una cosecha aunque él no hubiera invertido tiempo para sembrar.

Por fin, ya faltaban como unas tres semanas para que todos pudieran levantar sus cosechas. El trigo estaba crecido, ya había empezado a ponerse de color dorado, y estaban preparándose para cosechar. Por ese tiempo, este hombre pidió un préstamo de $500,000 dólares para comprar semilla de trigo. (¡Eso puede darte una idea de cuánta tierra tenía que cultivar!). Él se pasó semanas plantando el equivalente a medio millón de dólares de trigo justo unos días antes del tiempo de la cosecha. Él pensó que Dios le daría una cosecha sobrenatural porque había andado haciendo "la obra del Señor".

LA SEMILLA

Por supuesto que eso no sucedió. Puesto que el trigo no se dio, y no pudo cosecharlo, perdió todo su dinero. Estaba en peligro de irse a la bancarrota. Este hombre me pidió que orara por él. Estaba enojado, diciendo: "¡No comprendo por qué Dios no me dio esta cosecha!"

Tuve que decirle: "Así no es como opera el reino. Tú tienes que plantar tu semilla en un tiempo específico, y debes darle tiempo para que crezca y madure. Éstas son leyes naturales".

Él refutó diciendo: "Yo sé que así funciona. He estado haciendo esto por años. Pero pensé que como estaba actuando de acuerdo al espíritu las cosas funcionarían de manera diferente".

APRENDE Y COOPERA

Este hombre estaba verbalizando lo que mucha gente piensa. Piensan que en el ámbito natural estás atado por las leyes físicas y naturales, y que algunas cosas tienen que suceder. Pero en el ámbito espiritual, estas personas piensan que si son sinceros, si verdaderamente tienen una necesidad, y lo desean de corazón, pueden esperar obtener buenos resultados.

Esta parábola dice que así como hay leyes que gobiernan la manera como una semilla natural debe plantarse para que germine, también hay leyes que gobiernan el ámbito espiritual. Una de esas leyes establece que la Palabra de Dios es una semilla. Si tú quieres resultados en tu vida, debes plantar la Palabra de Dios en tu corazón. Si deseas en particular algún fruto del reino de Dios en tu matrimonio, tus relaciones, tus ingresos, tu salud

EL CAMBIO SIN ESFUERZO

—lo que sea—toma las semillas (las promesas de la Palabra de Dios que hablan específicamente sobre esas cosas) y plántalas en tu vida. Si las fertilizas adecuadamente y las cuidas como la parábola nos dice que lo hagamos, entonces es imposible evitar que coseches el fruto que quieres. ¡Esto es tan simple que alguien tendría que ayudarte a malinterpretarlo!

Sin embargo, la mayoría de la gente no sigue este procedimiento. Se esperan hasta que se encuentran en una situación de crisis, y luego oran deseando que Dios los saque del atolladero con un milagro. Se enojan, se molestan y caen presa de la duda si no ven buenos resultados. Perdóname por ser franco, pero eso es tan tonto como el agricultor que se espera para plantar su semilla hasta la semana anterior al tiempo de cosecha, y luego se molesta con Dios porque las leyes no funcionaron.

No, no hay ningún problema con las leyes naturales. Lo que sucede es que tú tienes que cooperar con ellas. Tampoco hay ningún problema con las leyes espirituales. Tú tienes que aprender cuáles son estas leyes y tienes que cooperar con ellas.

Si yo quiero obtener buenos resultados en mi vida, voy a la Palabra de Dios. Tomo las semillas—las promesas que hablan del fruto que quiero obtener—y empiezo a meditar en ellas. Al pasar el tiempo, el fruto se da y recibo la cosecha. Ésa es una de las verdades que esta parábola enseña.

LA SEMILLA

Capítulo 12
EL ENTENDIMIENTO

La semilla es la que produce el fruto, no la tierra. Es la Palabra la que genera los resultados. Ésta fue una de las primeras verdades que Dios me ministró a partir de la parábola del sembrador que siembra la semilla.

Ahora bien, el suelo es parte del proceso. Puede permitir que la semilla produzca todo su potencial, o puede inhibir, ahogar, e impedirle a la Palabra de Dios que funcione. Sin embargo, no es la tierra en sí lo que produce el fruto; es la semilla.

LA TIERRA

Nosotros somos el suelo. Nuestro corazón es el lugar donde, o le permitimos a la Palabra de Dios que gobierne, o le podemos permitir que se ahogue en los afanes de esta vida, el engaño de las riquezas, y las codicias de otras cosas. Nuestro corazón se puede endurecer para con Dios y puede no darle a Su semilla un lugar para que germine. Nuestro corazón puede hacer esas cosas, pero es la semilla—la Palabra de Dios—la que produce el fruto. Yo solamente soy el suelo (Gn. 2:7). Yo solamente soy la tierra—el lugar para que la semilla germine. Yo suministro el calor y los nutrientes, pero es la Palabra la que produce el fruto.

Quizá no tengo todas las cosas naturales que otras personas tienen a su favor—la educación, los talentos, la personalidad, o la postura—pero es la Palabra de Dios la que va a cambiar mi vida y las vidas de otras personas a través de mi ministerio. Dios me reveló esta verdad a mí a través de esta parábola, y continúa influenciándome profundamente hasta el día de hoy.

Es por eso que mis programas de radio y televisión tienen el estilo que tienen. Nuestro programa empieza con una introducción de diez o veinte segundos en la que presento el tema del día. Luego tenemos diez segundos en los que nos muestran a mi esposa y a mí dando un paseo entre los álamos mientras que el comentarista dice: "Bienvenido al programa La Verdad del Evangelio". Y después de unos treinta segundos, la audiencia está recibiendo la Palabra de Dios. Estoy hablando de la Palabra, citando las Escrituras, y enseñando lo que la Palabra de Dios dice. No lo estoy diciendo para compararme con ni para criticar a otros. Solamente estoy diciendo que el Señor me ha dado la revelación de que no importa quién soy, ni cómo me veo, ni ninguna de esas otras cosas naturales. Es la Palabra de Dios la que cambia las vidas de las personas.

Sucede lo mismo con mis boletines mensuales, mis artículos de enseñanza, y mis libros. Todo lo que publico está repleto de la Palabra de Dios. Si me pinchas un brazo, la Palabra de Dios sale de mi interior. Todo en mi vida se centra en la Palabra de Dios, y está funcionando.

Ésta es la actitud que la Palabra de Dios enseña. La Palabra de Dios tiene que ser plantada en tu corazón para que tengas un cambio efectivo. Si lo haces de esa manera, el cambio es tan normal y natural como cuando la semilla se planta en la tierra

EL ENTENDIMIENTO

y crece. Si tú tomaras la Palabra de Dios y meditaras en ella día y noche, te cambiaría. La Palabra transformaría tu vida.

LOS CORAZONES

Los cuatro tipos diferentes de suelo en los que la semilla fue sembrada corresponden a cuatro diferentes tipos de corazones en las gentes. La Palabra de Dios tiene que ser plantada en tu corazón. El suelo representa tu corazón. De esos cuatro tipos diferentes de suelo, solamente hubo uno que verdaderamente empezó a producir fruto.

Se estima que en la mayoría de las iglesias aproximadamente sólo un 25 por ciento de la gente es el que proporciona el dinero y el trabajo voluntario que hacen que la iglesia opere. Tres cuartas partes de la gente simplemente vienen, ven, y reciben de lo que el ministerio ofrece, pero en realidad no son partícipes del reino de Dios. Esto correspondería directamente a lo que esta parábola está enseñando. De hecho, sólo uno de los cuatro tipos de personas en cuyos corazones fue plantada la semilla empieza a producir fruto.

He observado que lo mismo sucede en nuestra escuela Bíblica. Aproximadamente un 25 por ciento de la gente aceptan realmente de todo corazón la Palabra de Dios y luego salen a cambiar su mundo con ésta. Ahora bien, muchas más personas se gradúan y afectan el mundo hasta cierto grado. Pero aproximadamente sólo uno de cada cuatro estudiantes de Charis Biblie College experimenta un cambio en su vida, originado por la experiencia vivida y la enseñanza recibida, y

EL CAMBIO SIN ESFUERZO

después procede a cambiar también las vidas de otras personas a través de la Palabra.

Me arriesgaría a decir que sucede lo mismo en cualquier organización. Es aproximadamente un 25% de la gente el que verdaderamente lleva la carga y hace que las cosas funcionen.

Aunque finalmente sólo un 25 por ciento de la semilla que fue plantada produjo fruto, la semilla no era el problema.

INCORRUPTIBLE

La Palabra de Dios es una semilla incorruptible.

Siendo renacidos, no de simiente corruptible, sino de incorruptible, por la palabra de Dios que vive y permanece para siempre.

1 PEDRO 1:23

Si tú siembras semilla en la tierra, algunas veces obtienes mala semilla. La semilla se ha deteriorado o podrido. Por una razón u otra ha perdido la vida que contenía. En el ámbito natural, es posible obtener semilla, plantarla, y no obtener los resultados deseados porque la semilla era mala. Sin embargo, en el ámbito espiritual, la Palabra de Dios es la semilla—y es incorruptible.

La semilla de Dios funcionará de la misma manera para cualquiera. La semilla no era la variable en cualquiera de estas cuatro instancias. La variable era el suelo. Ahora bien, eso es muy, muy importante.

EL ENTENDIMIENTO

Algunas veces escucho que la gente dice: "Tomé la palabra de Dios y medité en ella. Confesé la Palabra, pero no funcionó para mí". Lo que están diciendo es que la semilla era corruptible—que la semilla no funciona igual para todo el mundo. Esta parábola enseña exactamente lo contrario.

La Palabra de Dios es una semilla incorruptible. Nunca es la Palabra la que deja de funcionar. Es la gente la que fracasa y no la pone a funcionar. Son los corazones de las gentes los que no le permiten a la Palabra que genere y libere todo su potencial. Conforme continuemos el estudio de esta parábola, verás algunas de las cosas que pueden impedir que la Palabra de Dios funcione en tu vida. Pero tienes que tomar esta verdad, establecerla en tu corazón, y no desviarte nunca de ella. Es algo que no es negociable. Algo de lo que nunca dudas. Éste es un hecho verdadero en relación al cual nunca piensas algo que lo contradiga. La Palabra de Dios es incorruptible. Siempre funciona. Dios nunca falla. A lo mejor nosotros fallamos y no la entendemos ni la aplicamos adecuadamente. Quizá fallamos y no hacemos las acciones pertinentes que nos dice que hagamos. Pero la Palabra de Dios nunca falla.

INMEDIATAMENTE

Cuando yo era un Cristiano nuevo y apenas empezaba mi aprendizaje, esta verdad cobró vida en mi corazón y motivó mi fe. Conforme medité en esta parábola yo vi y percibí con todo mi corazón que la Palabra cambiaría mi vida. Todo lo que tenía que hacer era tomar la Palabra de Dios y meditar en ella, y la Palabra haría el resto, porque yo creí en su incorruptibilidad. A través de esto, mi vida ha sido totalmente transformada. Respecto a mi situación económica, soy una persona totalmente diferente de la que era. Vivo con salud en mi cuerpo físico, y he visto que otras personas sanan milagrosamente por la Palabra en que he meditado. En mis emociones, soy una persona diferente a causa de la Palabra de Dios; ha cambiado mis relaciones con la gente. Puedo encontrar en Su Palabra el origen de todo lo que Dios ha hecho en mi vida.

Eso es trascendental, y es lo que esta parábola está enseñando.

El Señor describe el primer tipo de suelo en Marcos 4:15, diciendo:

> *Éstos son los de junto al camino: en quienes se siembra la palabra, pero después que la oyen, en seguida viene Satanás, y quita la palabra que se sembró en sus corazones.*

Una vez que la Palabra es sembrada, el diablo viene inmediatamente para robar la semilla que fue plantada en tu corazón.

Cuando algunas personas se enteran de que la Palabra de Dios es una semilla y que si la plantan en sus corazones verán resultados milagrosos, piensan: "¡Ésta es la respuesta! Todo lo que tengo que hacer es tomar la Palabra de Dios y todos mis problemas se terminarán". No exactamente. Es más preciso decir que una vez que tomas la Palabra, que te comprometes con ella, y que empiezas a meditar en ella y a conocer la Palabra

---

EL ENTENDIMIENTO

de Dios por ti mismo, entonces todos tus problemas acaban de empezar. A lo mejor no te gusta lo que estoy diciendo, pero es la verdad.

En realidad Satanás no está en contra de ti personalmente. Él sabe que abandonado a tus propias fuerzas, eres un cero a la izquierda. No vas a representar una amenaza para él ni para nadie más. No importa quién te crees que eres ni lo que crees que tienes, separado del Señor y de Su Palabra nunca vas a cambiar realmente este mundo ni a tener una influencia trascendental para el reino de Dios. Pero si alguna vez la Palabra de Dios empieza a formar raíz en tu interior, y a crecer y a producir, le llegó su fin al diablo. ¡Satanás le tiene pavor a la Palabra! Él va a atacar la Palabra de Dios inmediatamente y a tratar de robársela de tu corazón.

SIN UNA PELEA NO

Quizá te sientes tentado a decir: "Pues bien, si eso es verdad, ni siquiera voy a interesarme en la Palabra de Dios. No quiero ser el blanco del diablo". No estoy diciendo que vas a perder. Yo estoy ganando, pero no lo estoy haciendo sin una pelea. Una vez que haces un compromiso para mantenerte firme en la Palabra de Dios—que la Palabra va a ser la número uno en tu vida—no caigas en el engaño de pensar que todos tus problemas se acabaron. En realidad acaban de empezar. Sin embargo, si tú continúas firme en la Palabra y no cedes, ganarás—serás un ganador, pero eso no sucederá sin una pelea (1 Ti. 6:12; He. 10:32).

EL CAMBIO SIN ESFUERZO

Mateo 13:18-19 dice:

> *Oíd, pues, vosotros la parábola del sembrador: Cuando alguno oye la palabra del reino y no la entiende, viene el malo, y arrebata lo que fue sembrado en su corazón. Este es el que fue sembrado junto al camino.*

Mateo expresa esto un poco diferente que Marcos. "Junto al camino" significa un lugar por el que mucha gente ha caminado. En otras palabras, la tierra ha sido apretada y compactada. En vez de que la semilla pueda penetrar el suelo, germinar, y echar raíces, la semilla se queda en la superficie. Así como un pájaro viene y se come las semillas que fueron arrojadas sobre un suelo compacto y duro, de igual manera Satanás inmediatamente se roba la Palabra de la gente que no la puso en su interior. Si la Palabra no penetra ni llega al interior del corazón de una persona, el diablo viene inmediatamente y les roba la Palabra. De los cuatro tipos de personas que el Señor describe en esta parábola, éste es el único tipo de personas a las que Satanás tuvo un acceso total. El diablo solamente pudo robarse la Palabra de la primera clase de personas.

Date cuenta de que el versículo 19 revela que:

> *Cuando alguno oye la palabra del reino y no la entiende, viene el malo, y arrebata lo que fue sembrado en su corazón. Este es el que fue sembrado junto al camino.*

EL ENTENDIMIENTO

Dicho en otras palabras, el entendimiento es lo que le permite a la semilla penetrar en tu interior. La comprensión le permite a la Palabra penetrar tu corazón. Es la puerta que le permite a la Palabra entrar en tu corazón. Si no hay entendimiento, entonces la Palabra nunca va a germinar. Así que la Palabra de Dios debe comunicarse de manera que sea fácil de comprender.

LA ENTRADA

Me sorprende ver cómo algunas personas han tratado de hacer de la Palabra algo muy difícil. De hecho he escuchado a algunos predicadores que piensan que les ayuda a exponer su mensaje el seguir toda clase de digresiones, y el profundizar en el hebreo y el griego. Por supuesto que esas cosas tienen su lugar. Yo mismo las uso a veces. Pero algunas personas han hecho de la Palabra algo tan complicado y tan especulativo que la persona común y corriente no puede entenderlo.

Jesucristo hizo precisamente lo opuesto. En esta misma parábola que estamos estudiando, Él tomó algo que era fácil de comprender por todos. Ésa era una sociedad agrícola. Cada una de esas personas había sembrado semillas. Ellos vivían en ese ámbito. Jesucristo tomó algo muy simple con lo que la gente podía relacionarse y lo usó para enseñar la Palabra.

Sin embargo yo todo el tiempo veo gente que piensa que el usar palabras que nadie entiende es una prueba de inteligencia. Hablan de tal manera que tienes que consultar un diccionario o creer que Dios te va a dar la interpretación para que puedas entender lo que dijeron. Algunas personas de hecho piensan

---

EL CAMBIO SIN ESFUERZO

que ésta es una muy buena manera de ministrar. Yo creo que es lo opuesto. Si tú verdaderamente entiendes algo correctamente, entonces deberías ser capaz de explicarlo de tal manera que cualquiera pueda entenderlo.

Yo no sé si lo he logrado, pero por supuesto es una de mis metas. Muchas personas me han escrito y me han dicho que simplifico la Palabra de manera que pueden entenderla. También han mencionado que hay otras personas a las que no pueden entender. Debemos presentar la Palabra de Dios a la gente de manera que puedan entenderla.

El entendimiento es la entrada que permite que la Palabra llegue a tu corazón. Si no hay entendimiento de tu parte, entonces te robarán la Palabra inmediatamente. Satanás vendrá y se la llevará. Las únicas personas a las que el diablo puede robarles la Palabra sin ningún esfuerzo son aquellas que no la entienden. Tú debes entender la Palabra para que puedas recibirla.

DIGIERE TU ALIMENTO

Como ministro de la Palabra de Dios, el apóstol Pablo también comprendió esto, Él dijo:

> *Me he hecho débil a los débiles, para ganar a los débiles; a todos me he hecho de todo, para que de todos modos salve a algunos.*
>
> 1 CORINTIOS 9:22

EL ENTENDIMIENTO

Yo trato de hacer lo mismo, especialmente cuando estoy ministrando en otro país u otra cultura. He visitado muchos lugares de Europa, he ido a América Central, y a algunos países de África y de Asia. Cuando visito un lugar con una cultura diferente, trato de usar ejemplos que se aplican a las situaciones particulares de esas gentes. Hago todo lo que puedo con la intención de lograr que la gente entienda.

Si no comprendes la Palabra es como si yo pusiera comida en tu boca, pero tú no fueras capaz de masticarla ni de ingerirla. La comida se queda en tu boca, y nunca baja a tu interior donde podrías empezar a digerirla. Literalmente podrías morirte de hambre aun con comida en tu boca, a menos que de una manera u otra hagas que llegue a tu interior.

Hay muchas personas que han escuchado la Palabra de Dios, pero no la entienden. Escuchan versículos, pero no tienen ni idea de cuál es su significado. No tienen entendimiento espiritual en el interior. Por lo tanto, la Palabra no libera para sus vidas nada de vitalidad—ninguna de sus cualidades nutritivas.

> *Sabiduría ante todo; adquiere sabiduría; y sobre todas tus posesiones adquiere inteligencia.*
> PROVERBIOS 4:7

No solamente debes tener la información correcta, también debes tener el entendimiento para poder aplicarla y llevarla a la práctica en tu vida.

EL CAMBIO SIN ESFUERZO

SATANÁS ROBA

Aquí es donde mucha gente falla. ¿Eres el tipo de persona que escucha a alguien ministrar, y te gusta lo que dice, pero después de unos treinta minutos o de una hora ni siquiera podrías decirle a otra persona de qué estaba hablando? No captaste nada. Sucedió una de dos cosas: el ministro no estaba comunicándose correctamente, o tú no tienes el entendimiento para poder tomar esas verdades y adaptarlas a tu vida. Por lo tanto Satanás te roba la Palabra antes de que salgas de la iglesia. Ésa no es una buena situación.

Tú tienes que llegar al punto de tener entendimiento de la Palabra de Dios en tu vida. Esto no sucede leyendo la Biblia con apatía, o simplemente al escuchar el mensaje de alguien. Tú debes enfocarte en esto.

Hace un mes yo estaba enseñando precisamente sobre estas verdades en el tiempo que, dentro del horario de trabajo, dedico al estudio bíblico con mis empleados. Estaba enfatizando qué importante es la Palabra de Dios. Debido a eso algunos empleados dijeron que les gustaría tener un programa para leer la Biblia. Así que ahora tenemos un programa para leer la Biblia que nuestros empleados están siguiendo. Los versículos que están por el pasaje de Éxodo 30, hablan de las vestiduras de los sacerdotes, de la manera como el tabernáculo se construyó, de los colores de tal o cual cosa, y toda clase de asuntos que la gente realmente no encuentra interesantes. Conforme estaba leyendo eso, no pude evitar pensar que algunos de mis empleados probablemente se iban a aburrir al leer esto porque no les iba a parecer muy excitante. Que iban a leerlo de corrida sin pensar al respecto, y probablemente no iban a entenderlo. Cuando no entendemos la Palabra, Satanás se roba la verdad de nuestra vida.

TODA ESCRITURA ES ÚTIL

Conforme estaba leyendo esto, Éxodo 30:12 saltó a mi vista.

Cuando tomes el número de los hijos de Israel conforme a la cuenta de ellos, cada uno dará a Jehová el rescate de su persona, cuando los cuentes, para que no haya en ellos mortandad cuando los hayas contado.

Ahora bien, quizá eso no te parece significativo. Pero en la Biblia no hay versículos carentes de significado.

La segunda de Timoteo 3:16 dice:

Toda la Escritura es inspirada por Dios, y útil para enseñar, para redargüir, para corregir, para instruir en justicia.

Todas las Escrituras pueden beneficiarnos. Debemos tomar más tiempo—o a lo mejor hasta detenernos—y pensar sobre lo que estamos leyendo.

Conforme medité sobre lo que estaba leyendo en Éxodo 30:12, me di cuenta de que ésta es la clave que revela el significado de 2 Samuel 24 y 1 Crónicas 21. Es el relato donde David

---

EL CAMBIO SIN ESFUERZO

había contado a la gente sin haber cumplido con los requisitos establecidos en Éxodo 30:12 y como resultado una plaga vino de Dios. Si tú no entiendes esta verdad en Éxodo 30:12, podrías leer el resto de los otros dos capítulos y preguntarte: "¿Dios, por qué hiciste eso?" Y luego dirás: "Es muy difícil entender a Dios". Eso sucede porque la gente no toma las Escrituras y medita en ellas hasta comprender.

Tú puedes leer la Biblia; sin embargo como no es algo en lo que estás verdaderamente interesado en ese momento, puedes dejar que entre por un oído y salga por el otro. Entonces Satanás viene y se roba el beneficio. O puedes declarar con fe: "Toda la Escritura es útil para enseñar y para redargüir (2 Ti. 3:16). Hay algo para que yo aprenda en cada versículo". Tú puedes tomar ese versículo, abrir tu corazón, meditar en él, y permitir que el entendimiento venga. Una vez que pones cada pieza en su lugar, entonces Satanás ya no puede robarte.

El entendimiento espiritual te permite armar el rompecabezas. Tú no tienes sólo piezas sueltas de información, sino que eres capaz de ensamblarlas de tal manera que la comprensión empiece a tener significado y a funcionar en tu vida. El entendimiento proviene del interior. Es algo que surge desde tu espíritu. El Espíritu de Dios lo vivifica para nosotros. Yo creo que ésta es la razón por la que tenemos ministerios para niños. La verdad es la verdad. Tú no le enseñas a los niños verdades que son diferentes de las que les enseñas a los adultos. Pero tienes que comunicarte con ellos en un nivel de entendimiento diferente. Tú podrías decir cosas muy profundas, pero si los niños no comprenden lo que les estás diciendo, entonces Satanás inmediatamente les robará esas verdades. No puedo exagerar lo importante que es la comprensión.

EL CAMBIO SIN ESFUERZO

Capítulo 13
ARRAIGADO Y ESTABLECIDO

C uando empezaba en el ministerio, yo pensaba que los resultados dependían totalmente de mí. Pensaba que si ministraba correctamente la Palabra de Dios todas las personas que asistieran a mi ministerio serían totalmente cambiadas. Así que puse una gran cantidad de esfuerzo para buscar al Señor, asegurándome de que comprendiera la verdad correctamente, que tuviera claridad y estuviera ungido para comunicarla.

Luego, en los últimos años de los setentas, ministraba seis estudios bíblicos cada semana en un circuito que abarcaba tres estados (Oklahoma, New Mexico, y Colorado). Enseñaba exactamente la misma verdad en cada uno de esos estudios Bíblicos, procurando que la gente madurara con la misma rapidez y que estuvieran en el mismo nivel espiritual. Yo predicaba de todo corazón y veía que una persona con una enfermedad incurable recibía la Palabra y era sanada y liberada. Sin embargo, la persona que estaba sentada al lado de ésta se dormía y no recibía nada. Una persona daba la impresión de que el aburrimiento la estaba matando, en cambio la vida de la siguiente persona estaba cambiando por la revelación que estaba recibiendo.

Después de un tiempo, mi mente de relámpago empezó a darse cuenta que no podía ser yo el que estaba produciendo resultados tan diferentes. Todas las personas estaban sentadas en el mismo servicio y estaban escuchando exactamente las mismas palabras. Todo lo que procedía de mí era lo mismo, sin embargo una persona era transformada y la otra se dormía. Una sanaba y la otra se aburría. ¿Cómo podían todas esas reacciones ser el resultado de la misma manera de ministrar la Palabra? Fue entonces cuando empecé a darme cuenta de que el asunto no es solamente la Palabra que comunico, también es la condición de los corazones de las gentes.

Así como sucedió con la primera clase de personas que Jesucristo describió, yo he visto la misma respuesta muchas veces. He predicado de todo corazón, pero la Palabra de Dios entra por un oído y sale por el otro. Parece que esa clase de personas no tiene en absoluto un corazón bien dispuesto en relación a la Palabra o el entendimiento de ésta. Yo dejé de tomarlo personalmente. Me he dado cuenta de que no es mi manera de hablar—es la manera como la gente escucha.

¿EN QUÉ ESTÁ CONCENTRADA TU ATENCIÓN?

¿Eres una de esas personas que dicen: "Yo nunca obtengo nada de los mensajes en la iglesia"? A lo mejor el problema no es la persona que está predicando. Podría ser la manera como estás escuchando, o el hecho de que no estás escuchando. Tiene que ver con que tú estés o no estés abriendo tu corazón y que verdaderamente desees conocer estas verdades o no.

> *Bienaventurados los que tienen hambre y sed de justicia, porque ellos serán saciados.*
> MATEO 5:6

ARRAIGADO Y ESTABLECIDO

¿SON LAS PALABRAS DE DIOS PARA TI...

Más que el oro, y más que mucho oro afinado;
y dulces más que miel, y que la que destila del
panal [?].

SALMO 19:10

Si llegas al punto de que tu deseo de conocer la verdad de la Palabra de Dios es mayor que tu antojo por la comida, mayor que tu deseo por el dinero, la conocerás. El problema es que la mayoría de nosotros solamente queremos eso de vez en cuando. Quizá una vez por semana o una vez por mes tenemos un pequeño chispazo de deseo que dura unos cinco o diez minutos en los que nos gustaría entender y operar más con base en la verdad, pero luego nos ocupamos en otras cosas. Si así eres tú, nunca vas a tener este entendimiento. Dios no es el que determina la condición de tu corazón—eres tú.

Básicamente el meollo del asunto es en qué está concentrada tu atención. Si tu atención está en el Señor, y tienes hambre de Él y lo estás buscando, serás saciado (Mt. 5:6).

Si tú eres una de las personas de la primera categoría descrita en esta parábola, la Palabra de Dios no es importante para ti. Tú puedes escucharla pero se esfuma inclusive antes de que pienses en ella. Parece que no puedes retener la Palabra de Dios. No es tiempo de que ores y le pidas a Dios que hable con una voz más alta. Es tiempo de que cambies tu corazón y que empieces a concentrarte en las cosas del Señor.

EL CAMBIO SIN ESFUERZO

PASOS SUCESIVOS

En Marcos 4:16, Jesucristo empezó a hablar del segundo tipo de personas que escucharon la Palabra de Dios.

Estos son asimismo los que fueron sembrados en pedregales: los que cuando han oído la palabra, al momento la reciben con gozo; pero no tienen raíz en sí, sino que son de corta duración, porque cuando viene la tribulación o la persecución por causa de la palabra, luego tropiezan.

Ahora bien, antes de que analicemos este segundo tipo de personas que escucharon la Palabra de Dios, permíteme hacer otra afirmación: Esta parábola también describe pasos sucesivos hacia la fertilidad.

El Señor claramente presentó cuatro tipos diferentes de los corazones de las personas, y la manera como Dios interactúa con el corazón para producir fruto (o cómo es que el fruto no se da). Yo creo que también estaba describiendo cuatro etapas hacia la fertilidad.

En primer lugar, atraviesas la etapa en la que escuchas la Palabra de Dios pero tu corazón no está establecido en ésta. No estás buscando las cosas de Dios. La Palabra entra por un oído y sale por el otro. Ésa es la primera clase de personas.

El segundo tipo de personas se entusiasma pero no tienen raíz en sí. El resultado final es que tampoco producen fruto.

ARRAIGADO Y ESTABLECIDO

VIVIENDO DE LA REVELACIÓN DE OTROS

El tercer tipo de persona se emociona con la Palabra, y ésta echa raíz. La Palabra de Dios empieza a germinar y empieza a producir vida en estas personas. Pero luego se distraen con las cosas de este mundo.

> *Pero los afanes de este siglo, y el engaño de las riquezas, y las codicias de otras cosas, entran y ahogan la palabra, y se hace infructuosa.*
>
> MARCOS 4:19

El cuarto tipo de persona es la que realmente fertilizó y cuidó la Palabra de Dios. Esta persona se concentró en la Palabra y no se distrajo por las cosas de este mundo. Por lo tanto produjo una cosecha abundante.

> *Y éstos son los que fueron sembrados en buena tierra: los que oyen la palabra y la reciben, y dan fruto a treinta, a sesenta, y a ciento por uno.*
>
> MARCOS 4:20

Aunque yo había sido vuelto a nacer de manera genuina a los ocho años de edad, era un niño típico. Durante los servicios en la iglesia, estaba concentrado en mis amigos de la iglesia y en lo que íbamos a hacer después del servicio. Así que en realidad no meditaba en la Palabra de Dios ni le permitía entrar a mi vida. Leía mi Biblia todos los días, pero de una manera u otra ésta no me penetraba. Supongo que sí penetro de alguna manera. Yo no pequé ni me metí en muchos de los problemas en los que mucha gente se mete, así que no estoy diciendo que no tuvo ningún efecto. Sin embargo no tuvo el efecto que debió haber tenido en mi vida. Era como si la Palabra hubiera entrado por un oído y salido por el otro. No entendía la Palabra y ésta no me estaba impactando.

Luego tuve mi experiencia con el Señor el 23 de Marzo de 1968, y me emocioné con la Palabra de Dios. Dudo que alguna vez hayas visto a alguien que estuviera más emocionado con Dios y su Palabra de lo que yo lo estaba. Pero hubo un período en el que la Palabra no estaba enraizada en mi interior. Yo estaba viviendo de la revelación de otras personas—de su enseñanza sobre la Palabra—y no de mi propia relación personal. Aunque estaba emocionado, y cosas grandiosas estaban sucediendo en mi interior, mi vida aún no estaba dando mucho fruto.

UNA CORTINA DE HUMO

Me encontraba en la segunda etapa cuando el Señor usó esta parábola para verdaderamente ministrar Su verdad en mi vida. Sucedió por la época en que Jamie y yo nos casamos en Octubre de 1972. Antes de nuestra boda y después de ésta, el Señor hizo de esta enseñanza del sembrador que siembra la Palabra una revelación en mi vida.

> *Estos son asimismo los que fueron sembrados en pedregales: los que cuando han oído la palabra, al momento la reciben con gozo.*
>
> MARCOS 4:16

ARRAIGADO Y ESTABLECIDO

Ahora bien, yo específicamente correspondía a esa categoría. Después de que tuve la experiencia del 23 de Marzo de 1968, me enamoré locamente del Señor. La Palabra de Dios se convirtió en algo muy trascendental en mi vida. Estaba muy emocionado por ella. No podía abrir la Biblia sin oír a Dios hablándome directamente a través de las Escrituras. Aunque estaba emocionado, también estaba frustrado. Podía ver en mi corazón las posibilidades y lo que Dios quería hacer en mi vida, pero no lo estaba viendo en el exterior. Como había frustración y en realidad no estaba dando fruto, empecé a identificarme con este segundo tipo de personas que el Señor describe en esta parábola.

Este segundo tipo de persona se emociona con la Palabra de Dios, y la recibe con gozo, pero no ve que dé fruto.

Al pasar del tiempo, he observado una tendencia entre la gente a ser superficial. Algunas personas pueden dar muchas muestras externas de su entusiasmo, pero todo en sus vidas es externo. No hay nada de profundidad en sus vidas. No comprendo todas las razones por las que esto sucede, pero veo esto en mis tratos con la gente. Algunas personas simplemente son superficiales. Todo se reduce a lo externo. No tienen mucha profundidad en su interior.

A causa de esto, he visto mucha gente en mis reuniones que se emociona tanto con la Palabra de Dios que es fácil pensar: "¡Esto es maravilloso. Han sido totalmente transformados!" Pero me he dado cuenta de que para algunas personas todo es

---

EL CAMBIO SIN ESFUERZO

un show pero nada es real. Todo es una cortina de humo. No hay un compromiso real en sus corazones.

Así que al pasar los años, he llegado al punto de que disfruto ver a la gente que claramente está siendo afectada por la Palabra. Estas personas se toman algo de tiempo para verdaderamente pensar y reflexionar al respecto. Por supuesto también están los que se emocionan tanto que se paran, gritan, se sientan, vuelven a pararse, a gritar y a sentarse mientras estoy predicando. Eso también está bien. Pero me gusta observar a los que tienen una actitud reflexiva y que están pensando en la Palabra. Se toman un poco de tiempo antes de hacer un compromiso personal. Algunas veces las personas que se emocionan mucho al principio, nunca le permiten a la Palabra que eche raíz en su interior. Hay un período, que consiste en enraizarse en la Palabra, que es necesario para que puedas dar fruto.

DOS TERRARIOS

Recuerdo la vez que mi maestro puso tierra en dos frascos grandes idénticos llamados terrarios. Luego, el mismo día, él plantó semillas de tomate en ambos terrarios como parte del proyecto de nuestra clase. Los puso en el mismo lugar en nuestro salón, por lo que ambos recibieron la misma cantidad de luz. Él los regó de la misma manera todos los días. Uno de los terrarios tenía aproximadamente veinte centímetros de tierra, y el otro solamente tenía dos y medio centímetros de tierra.

Mi maestro nos hizo preguntas como éstas: "¿Cuál creen que es la que va a crecer? ¿Cuál creen que es la que va a producir fruto?" A mí me sorprendió, pero la semilla de tomate que estaba sembrada en un centímetro de tierra germinó primero. El brote llegó a medir unos treinta centímetros de altura mientras que el de la otra semilla de tomate ni siquiera había empezado a emerger por encima del suelo. A simple vista, tú podrías pensar que la que estaba sembrada en poca tierra estaba creciendo mejor. Pero cuando sólo hay una pequeña cantidad de tierra, la semilla tiene que poner toda su energía para crecer por encima del suelo porque no tiene espacio para sus raíces. No había suficiente tierra para echar raíces así que toda la vida que estaba en la semilla se dio en un crecimiento vertical por encima del suelo. Al principio se veía muy bien.

Para mucha gente, lo importante son las apariencias. No les importan los resultados a largo plazo. Solamente piensan a corto plazo. Escuchan un mensaje sobre la sanidad y se emocionan diciendo: "¡Listo! Nunca tendré otro problema". Ellos piensan que es maravilloso y son muy expresivos al respecto.

Sin embargo, verdaderamente debe haber un período de tiempo en el cual tú tomas las verdades que has aprendido, sin importar lo mucho que te hayan emocionado, y les permites echar raíces en tu interior.

El brote de la semilla que solamente tenía un centímetro de tierra creció hasta medir casi treinta centímetros antes de que la otra hubiera siquiera empezado a emerger por encima del suelo. Pero, en un corto período de tiempo, como no

EL CAMBIO SIN ESFUERZO

había suficiente tierra para sustentar el crecimiento, empezó a ponerse amarilla y después se veía blanca. Acabó por caerse y marchitarse. Finalmente se murió porque no tenía un sistema de raíces que sustentara el crecimiento.

La semilla de tomate que había empezado con un crecimiento más lento por encima del suelo—según lo que podíamos observar—se desarrolló hasta llegar a ser una planta madura. Tuvimos que atarla a un palo para sostenerla cuando empezó a producir muchos tomates.

TIEM-POO

A través de ese experimento, aprendí una lección: Una semilla debe, en primer lugar, crecer por debajo del suelo. Tiene que empezar a producir raíces antes de que produzca fruto.

En el ámbito espiritual, a mucha gente no le gusta la etapa de echar raíces. No les gusta permitirle a la verdad de la Palabra de Dios que eche raíces en su interior y que se establezca en sus corazones. Quieren saltarse todo esto y llegar al fruto tan rápido como puedan. Por lo tanto, no tienen mucha profundidad de tierra en su vida. Su corazón no está totalmente dispuesto a actuar de acuerdo a esa verdad. Quizá parece que están madurando más rápido que otros, pero al final no podrán sustentar ese crecimiento. Se marchitan y se mueren con la primera dificultad que se les presenta por el camino. Y por eso la Palabra no va a dar fruto en sus vidas.

ARRAIGADO Y ESTABLECIDO

Si tú quieres ser alguien que verdaderamente produce fruto y que ve que la Palabra de Dios sí funciona, debes saber que eso no va a suceder de la noche a la mañana. No puedes poner tu milagro en el horno microondas. Requiere tiempo. Hay tiempo de plantar y tiempo de segar. En realidad, a veces es primero la semilla, luego el tiem-poo, y después la siega. Se requiere de un período de tiempo.

Tú tienes que permitirle a la Palabra de Dios que se quede enraizada dentro de ti. No puedes desistir de eso. Debes continuar excavando y buscando una revelación mayor. No tomes solamente la revelación superficial de lo que la Palabra de Dios dice. Regresa a las Escrituras que estabas estudiando y pregunta: "¿Señor, he recibido todo lo que necesito saber de este versículo? Por favor muéstrame más". Tú debes permitir que esa Palabra eche raíz en tu interior.

La deficiencia de no permitirle a la Palabra de Dios que eche raíz en el interior probablemente es la razón número uno por la que la gente no está viendo la manifestación de más fruto en su vida. No le están dando tiempo.

Muchas personas conocen un versículo como 1 Pedro 2:24, que dice que por Su herida fuisteis sanados. Se pasan cinco minutos pensando sobre ese pequeño concepto, y concluyen: "¡Listo. Ahora debo ser sanado!" No, debes meditar en ese versículo, y meditar en ese versículo un poco más. Debes pasarte días, semanas, meses, y años enfocándote en esa verdad y aplicándola a tu vida hasta que quede arraigada y establecida en tu interior de manera que nada pueda arrancarla.

EL CAMBIO SIN ESFUERZO

LA PROFUNDIDAD DE LA RAÍZ

Cuando era niño, vivíamos en un barrio, pero nuestro jardín medía un poco más de medio acre. Teníamos veintitrés nogales en ese jardín. Cada año algunas de las nueces se caían, eran pisoteadas, y de alguna manera entraban al suelo. Luego germinaban y empezaban a producir una planta. Mi trabajo era arrancar esos pequeños nogales que habían empezado a crecer.

Como la mayoría de los niños, yo no quería pasar mi tiempo caminando por allí arrancando esas pequeñas plantas. Es posible que tuviéramos cientos de ellas por todo ese lugar. A veces veía una, pero no quería dejar de jugar para ir y arrancarla. Así que me esperaba hasta que estaban tan altas que mis padres podían verlas desde adentro de la casa. Cuando las veían, decían: "Andy, tienes que ir a arrancar ese nogal". Me esperaba mucho tiempo.

Sin embargo, aprendí muy rápido que si un nogal llegaba a medir unos 30cm, había otros 90cm de raíces por debajo del suelo. Había tres veces más crecimiento por debajo del suelo que por encima del suelo. Si me esperaba hasta que el nogal medía 30cm para arrancarlo, entonces tenía que tomar una pala para desenterrarlo. Para ese entonces estaba tan bien enraizado que no podía arrancarlo con las puras manos. Si quería hacerlo cómodamente, tenía que arrancar esos nogales cuando apenas medían como 3cm de altura. Entonces sí podía jalarlos y arrancarlos.

ARRAIGADO Y ESTABLECIDO

Sucede lo mismo con la semilla de la Palabra de Dios. A Satanás le gustaría llevarte al punto de que no tengas una raíz profunda en tu vida. Porque así puede atacarte y robarse la Palabra. Él quiere arrancarla antes de que eche raíz. Sin embargo, si tú desarrollas un buen sistema de raíces serás capaz de permanecer firme a pesar de todos los problemas, las pruebas, y las dificultades que se presentan por la vida.

Muchas gentes son como este segundo tipo de suelo que el Señor describió. No pueden dar fruto. No es porque no estén emocionados por la Palabra de Dios. No es porque no la amen. Sí la aman. Solamente que no se han tomado tiempo para permitir que la Palabra eche raíz en su interior.

EL CAMBIO SIN ESFUERZO

Capítulo 14
LA PERSECUCIÓN

L a parábola que Jesucristo comunicó en Marcos 4 sobre el sembrador que siembra la semilla es una de las enseñanzas más fundacionales de la Biblia. En Marcos 4:13, el Señor dijo: "Si no entiendes esta parábola, no puedes entender ninguna de las otras". Este pasaje es la clave que da a conocer la revelación de importantes verdades fundacionales que usarás cada día durante el resto de tu vida Cristiana. Verdaderamente es así de importante.

Jesucristo estaba usando la ilustración del hombre que siembra la semilla en cuatro tipos diferentes de suelo. El reino de Dios también es así. La Palabra de Dios es la semilla que debe ser plantada en tu vida para que dé buen fruto. La Palabra de Dios es lo que trae el cambio.

La Palabra de Dios nunca es la variable. Tiene la misma capacidad en la vida de todas las personas. Lo que hizo que la Palabra produjera de manera diferente no fue la semilla en sí, sino más bien el tipo de suelo en el que cayó. Esta parábola ilustra cuatro tipos diferentes de corazones. La Palabra de Dios tiene la misma capacidad para producir en la vida de todas las personas, pero la diferencia está en cómo respondemos a la Palabra. Esta parábola revela que en realidad solamente una clase de respuesta le permitirá a la semilla de la Palabra de Dios que produzca todo su fruto.

UNA CONMOCIÓN NADA PEQUEÑA

Continuemos considerando el segundo tipo de personas que escuchó la Palabra:

> *Estos son asimismo los que fueron sembrados en pedregales: los que cuando han oído la palabra, al momento la reciben con gozo; pero no tienen raíz en sí, sino que son de corta duración, porque cuando viene la tribulación o la persecución por causa de la palabra, luego tropiezan.*
>
> MARCOS 4: 16-17

Cuando el Señor me mostró este pasaje de las Escrituras y éste realmente empezó a tener un impacto mayor en mi vida, todavía asistía a una iglesia tradicional de una cierta denominación que estaba en contra de todo lo que yo empezaba a creer. Esas personas reconocían que hay cosas como el bautismo en el Espíritu Santo y hablar en lenguas, pero argumentaban que las lenguas es el menor de los dones y que en realidad no es válido para nosotros hoy; no enfatizaban estas verdades, y por supuesto no enfatizaban la justicia ni la gracia. Estaba en una situación en la que la Palabra de Dios que yo estaba vislumbrando era constantemente perseguida.

Mi buen amigo Joe, que tuvo un gran impacto en mi vida, en un tiempo sirvió como ministro asociado de Kenneth Copeland. Hasta viajo con Kenneth por un tiempo. Yo acostumbraba asistir a las reuniones de Kenneth en Fort Worth, Texas, cuando él rentaba el Auditorio Will

Rogers. Ese lugar podía acomodar hasta 3,500 personas. Recuerdo la ocasión en que Kenneth estaba expresando su fe y agradeciéndole a Dios de antemano para que ese lugar se llenara cuando solamente tenía 200 gentes como nosotros sentados al frente. Yo era un novato en la fe, y carecía de entendimiento de la Palabra, de manera que no me di cuenta de que él estaba expresando su fe. Supuse que él sabía algo que yo no sabía, y que a lo mejor había algunos autobuses que estaban por llegar.

Yo no sabía mucho en ese entonces, pero iba a esas reuniones y escuchaba a Kenneth Copeland predicar la Palabra de Dios sobre la justicia. Me emocionaba tanto que regresaba a mi pequeña iglesia evangélica y predicaba las mismas cosas que había escuchado. Eso estaba causando una conmoción nada pequeña. La gente estaba siendo sanada, y liberada. Estaban sucediendo buenas cosas, pero los líderes de esa iglesia estaban en contra de lo que yo estaba haciendo; pensaban que era incorrecto, de acuerdo a su interpretación de las Escrituras. Así que, por eso, ellos me criticaban.

INMEDIATAMENTE TROPIEZAN

Fíjate que esto es exactamente lo que Marcos 4:16-17 está diciendo. Los que están representados por el pedregal:

No tienen raíz en sí, sino que son de corta duración, porque cuando viene la tribulación o la persecución por causa de la palabra, luego tropiezan.

Eso está describiendo a la gente que se emocionó con la Palabra cuando la escucharon, y actuaron consecuentemente hasta cierto grado, pero no tenían raíz en sí mismos. Cuando la tribulación, la persecución, y el criticismo en contra de la Palabra empezó a darse, hallaron tropiezo.

La palabra "tropezar" aquí no significa que dejaron de creer o que la rechazaron. En mi caso, yo no negué que Dios todavía sana a la gente hoy por hoy, que el bautismo en el Espíritu Santo y hablar en lenguas son cosas válidas, y que los milagros son de Dios. Todavía creía esas verdades, pero hallé tropiezo en mí mismo, lo cual significó que perdí mi entusiasmo y mi pasión por ellas. La pasión que tenía por esas verdades se enfrió por la crítica que estaba recibiendo.

Tú debes reconocer que Satanás no tiene que hacer que tú repudies la Palabra en la que has puesto tu fe. Si tan sólo puede hacer que actúes con cautela y tengas temor de hablar, que te sientas lastimado y ofendido, y que ya no te sientas tan entusiasmado como antes; si él te puede llevar a ese estado de ánimo, entonces puede evitar que la Palabra de Dios funcione en tu vida.

En esa situación me encontraba cuando el Señor me mostró eso a mí. Escuchaba a Kenneth Copeland predicar, me emocionaba con la Palabra que había escuchado, después regresaba y predicaba verdades como la justicia, la fe, y la gracia en esa iglesia evangélica. Por una o dos semanas, lo que sucedía era que mi enseñanza era muy efectiva. Pero luego recibía tanta crítica que me hacía introspectivo. Todavía creía

LA PERSECUCIÓN

en las mismas verdades, y estaba tratando de comunicarlas y enseñarlas en la clase que impartía, pero no estaba obteniendo ninguno de los resultados que había obtenido antes. No estaba dando nada de fruto.

"NO ES TU REVELACIÓN"

Esto sucedía tan a menudo que empecé a reconocer el ciclo. Escuchaba a Kenneth Copeland predicar y después yo estaba bien por una o dos semanas. Luego sentía que llegaba al punto de que estaba haciendo y diciendo las mismas cosas, pero no obtenía buenos resultados. Así que tenía que regresar para recibir otra dosis de Kenneth Copeland. Eso sucedía sistemáticamente. Cuando empezaba a darme cuenta de que se me estaba acabando el entusiasmo, sabía que la próxima vez que diera mi clase no iba a haber manifestación de poder como había sucedido antes. Ésta llegó a ser mi expectativa. No entendía por qué estaba sucediendo, pero vi que sucedió tantas veces que podía reconocer cuándo iba a suceder.

Mientras estaba estudiando este versículo de las Escrituras, el Señor me habló. Él dijo: "El problema es que las verdades que estás comunicando no son tu revelación. Son la revelación de Kenneth Copeland. Tú simplemente estás diciendo cosas que escuchaste de otra persona". Antes de que Dios me dijera eso, tomaba la palabra para enseñar diciendo: "Escuché a Kenneth Copeland decir…" y luego lo citaba. Hablaba de lo que él había enseñado, usando sus ejemplos, sus casos, y sus bromas. La gente era bendecida con eso porque estaba compartiendo la verdad—solamente que no era mi verdad. Cuando el Señor

EL CAMBIO SIN ESFUERZO

me mostró esto, pude ver esta revelación en mi interior. Me di cuenta que por eso era que no podía mantener el equilibrio. Ésa era la razón por la que iba de arriba a abajo, a veces emocionado por la Palabra, y a veces preguntándome: "¿Qué está pasando?" Era porque no tenía raíz en mí mismo. Estaba viviendo de la revelación de otra persona. Era una buena revelación, pero no era la mía.

Recuerdo aquel sábado por la noche cuando el Señor nos mostró esto a Jamie y a mí. Lo platiqué con ella, tomé una decisión, y declaré: "De ahora en adelante, ya no voy a decir, tal persona dijo esto, y después a citar lo que esa persona dijo sobre su revelación". Es más, quizá tú ves mi programa de televisión, me escuchas por el radio, o lees mis libros, pero te aseguro que ésta es la primera vez que tú me has escuchado mencionar de esta manera a alguien como Kenneth Copeland. De verdad, solamente estoy hablando de él para usarlo como un testimonio. La razón es que dejé de citar lo que alguna otra persona tuviera que decir. Esta decisión empezó a convertirse en Palabra de Dios para mí.

Tomé la decisión de permanecer firme sin importar quién atacara la revelación de lo que Dios hubiera estado comunicándome. Yo iba a guardar esa Palabra en mi corazón. Iba a hacer que se enraizara y se estableciera en mi interior.

Marcos 4:17 verdaderamente me ayudó cuando vi que las tribulaciones y las persecuciones vienen por causa de la Palabra. No vienen personalmente por ti o por mí. Es debido a la Palabra de Dios. La Palabra de Dios tiene poder en sí misma. Cuando

LA PERSECUCIÓN

tú empiezas a verbalizar la Palabra, Dios usa Su Palabra para hacer que la gente sienta contrición. Empieza a presionarlos y a motivarlos para que cambien. Si la persona no quiere cambiar, entonces tienen que hacer algo con esa contrición que están sintiendo que procede de ti. Quizá no pueden ser capaces de discernirlo y entenderlo, pero en realidad esto es lo que está sucediendo. A lo mejor piensan que eres tú con el que están enojados y al que están criticando, pero en realidad están criticando la Palabra de Dios que proviene de ti. Es por causa de la Palabra que la aflicción y la persecución vienen. La gente está tratando de resistir y anular la Palabra que tú has comunicado y que trajo contrición a su vida.

AVIVAMIENTO O DISTURBIO

Cuando la Palabra de Dios se comunica con base en la verdad, siempre producirá o un avivamiento o un disturbio. Eso es lo que Jesucristo y los apóstoles hicieron (Hechos 17:6; 19:1-41). No todo el mundo le respondió bien al Señor. Sus discípulos se acercaron a Él y le preguntaron: "¿No sabes que ofendiste a esas personas?" Él les contestó: "Déjenlos. Si son de Dios, lo superarán. Toda planta que no plantó mi Padre será desarraigada". Cristo no tomaba las cosas de manera personal.

Cada vez que Jesucristo hablaba, causaba un avivamiento o un alboroto. Sus discípulos hicieron lo mismo cuando salieron y ministraron. Es una actitud ingenua e incorrecta pensar que si actuamos con amor todo el mundo nos amará (Mt. 10:16-42). Jesucristo advirtió: "Si me persiguieron a mí, los van a perseguir a ustedes". Tú debes reconocer que cuando empiezas

---

EL CAMBIO SIN ESFUERZO

a mantenerte firme en la Palabra sin transigir, ésta empieza a liberar su poder. Cuando tú empiezas a declarar: "Esto es lo que la Palabra de Dios dice y es en lo que estoy creyendo. No me importa si está en contra de nuestra tradición o de la manera como la gente ha hecho las cosas, esto es lo que la Palabra dice", la Palabra de Dios empezará a poner presión en la gente. Una de dos cosas, o se arrepentirán y te amarán por eso, o empezarán a criticarte.

Una vez que comprendí esto, se dio una gran diferencia en mi vida. Cambió mi expectativa y me capacitó para continuar avanzando. Cuando empecé a recibir la crítica, la persecución, y la tribulación, simplemente reconocí que eso es lo que la Palabra de Dios hará. La Palabra de Dios dividirá y separará a la gente (Mt. 10:34-36).

"¡MANTENTE EN LA PISTA!"

El mismo amigo del que ya hablé, Joe, realmente me ayudó a empezar en el ministerio. Él tuvo una influencia muy trascendental en mi vida. Recuerdo una vez que asistí a una de sus reuniones en un hotel, me invitó enfrente de toda la gente que estaba allí, para ministrarme. Joe me dio una profecía, que me ha ayudado hasta el día de hoy, cuando dijo:

"Te veo como si fueras un corredor en una pista. Estás corriendo alrededor de esa pista, y vas al frente del grupo de corredores. Estás ganando la carrera, y estás haciendo un buen trabajo. Pero la gente en las gradas te está gritando. Te están diciendo que lo estás haciendo todo mal. Están diciendo que deberías hacer esto o lo otro. De repente veo que te sales de la pista, y vas corriendo hacia las gradas, y discutes con los espectadores. Aunque ganes la discusión, vas a perder la carrera. ¡Mantente en la Pista. Regresa a la carrera. Olvídate de las gradas!"

Cuando el Señor comunicó eso a través de Joe, fue algo muy descriptivo de la situación en la que yo estaba en ese tiempo. Desde aquel entonces, ésa ha sido una profecía que me ha mantenido en la pista por casi cuarenta años. No estoy seguro de estar haciendo todo a la perfección. Todavía estoy verde y madurando. Quizá seré mejor dentro de cinco o diez años, si el Señor se tarda en venir, pero la razón por la que todavía estoy corriendo la carrera es por versículos y palabras como estos con los que el Señor me ha mostrado que no debo permitir que la crítica de otras personas se robe la Palabra de mi corazón.

Si hallo tropiezo en mí y empiezo a actuar con temor de hablar la verdad por lo que la gente tenga que decir, la Palabra de Dios dejará de funcionar y de producir en mi vida. Yo tomé la decisión, hace casi cuarenta años, de que no iba a permitir que eso suceda. He estado tratando de ser intrépido y de dejar que la Palabra de Dios me gobierne y me domine y no las opiniones del hombre. Se ha convertido en un hábito y un estilo de vida para mí. Soy así gracias a las Escrituras. Puede ser que no lo haga perfectamente, pero me estoy moviendo en esta dirección por la convicción que he obtenido de la Palabra de Dios.

EL CAMBIO SIN ESFUERZO

Capítulo 15

MI REVELACIÓN

La parábola del grano de mostaza es otra parábola que Jesucristo les comunicó ese mismo día.

> *Otra parábola les refirió, diciendo: El reino de los cielos es semejante al grano de mostaza, que un hombre tomó y sembró en su campo; el cual a la verdad es la más pequeña de todas las semillas; pero cuando ha crecido, es la mayor de las hortalizas, y se hace árbol, de tal manera que vienen las aves del cielo y hacen nidos en sus ramas.*
>
> MATEO 13:31-32

Esta parábola se encuentra en el mismo capítulo y dentro del mismo contexto del mismo día en que se comunicó la parábola del sembrador que siembra la semilla.

Yo recuerdo uno de mis primeros días de soldado de los Estados Unidos en Vietnam. Estaba de guardia en el cuartel mientras el resto de la gente pasaba por lo que se llamaba "la cámara CS". Era una cámara de gas, y nos estaban enseñando cómo ponernos las máscaras. Estaban usando algo semejante al gas lacrimógeno, que no causa ningún daño permanente, pero sí que duele y arde por el momento. Es una historia larga, y no quiero entrar en detalles pero tuve una experiencia muy negativa con eso cuando estuve en el entrenamiento básico. Sin exagerar, puedo decirte que casi me moría.

Durante el desayuno, pidieron un voluntario en la mañana de este "entrenamiento". Algo que aprendes muy rápido en el ejército es que nunca debes ofrecerte de voluntario para nada. Si lo haces, en nueve de cada diez casos habrás cometido un error. Sin embargo, pensé que sería preferible que me mandaran a pelear contra el Vietcong[1] solo, que pasar por esa cámara de gas. ¡A tal grado detestaba yo esa cámara!

Así que me ofrecí de voluntario. Resultó que todo lo que querían que hiciera era que me sentara para hacer guardia en el cuartel mientras todos los demás pasaban por la cámara de gas. Funcionó muy bien.

EL SISTEMA DE RAÍCES

Mientras estaba allí sentado leyendo, medité en estos versículos en Mateo 13. Pensé que el reino del cielo es como un grano de mostaza—una de las semillas más pequeñas. Pero cuando ésta se siembra en la tierra, se convierte en un árbol tan grande que las aves del cielo pueden hacer nidos en su follaje.

Conforme estaba meditando sobre esto, recuerdo que pensé: "Dios, así quiero que sea mi vida. Quiero que Tú vivas a través de mí de tal manera que afectes a millones de personas. Quiero ver cambio en las vidas de las gentes". Mientras estaba imaginándome esto, el Señor me habló, diciendo: "Pero tu raíz es tan pequeña que el primer pájaro que se pare en una rama hará que todo el árbol se caiga. El primer viento que sople en

---

1 N.T. (Frente Nacional de Liberación).

MI REVELACIÓN

contra lo derrumbará". El Señor usó esto para pintar una imagen descriptiva para mí.

Yo estaba más interesado en el crecimiento por encima del suelo, como lo está la mayoría de la gente. Quieren resultados visibles—algo físico, algo tangible. Desean ver vidas transformadas, gente sanada, y toda clase de fruto. Sin embargo, antes de que se dé todo este crecimiento por encima del suelo, la mayor parte del crecimiento se lleva a cabo subterráneamente en el sistema radicular. En realidad es el sistema de raíces el que determina la altura que alcanzará la planta o el árbol por encima del suelo.

Si tú descuidas el sistema de raíces, podrías tener una planta o un árbol que crece por un corto período de tiempo, pero que nunca producirá fruto. No vivirá porque nunca será capaz de resistir las condiciones cambiantes, como el calor y la sequía. El sistema radicular es lo que capacita al árbol para que verdaderamente produzca y que pueda resistir condiciones difíciles.

Esto es lo que el Señor me estaba diciendo. Yo deseaba todos esos buenos resultados, pero no quería tomarme el tiempo necesario para desarrollar una raíz en mí mismo. Él me dijo: "Ése es el mayor problema con la mayoría de la gente". Eso sucedió alrededor de 1970. Decidí en ese mismo momento que yo iba a ser uno de aquellos en quienes la Palabra de Dios sí echa raíz.

EL CAMBIO SIN ESFUERZO

EL PODER DE LA SEMILLA

Una vez que tomé esa decisión, verdaderamente dejé de preocuparme en gran medida por los resultados visibles. En cambio, me concentré en tomar la Palabra de Dios y en guardarla en mi corazón. Yo sabía que si mantenía la Palabra de Dios morando en mi interior, y no nada más entrando y saliendo, literalmente ésta empezaría a echar raíces en cada parte de mi vida y empezaría a penetrarme. Éste ha sido mi enfoque desde 1970.

He tomado la Palabra, meditado en ella, cosechado verdades de ella, y he dedicado mi vida a estas verdades. Todas las cosas buenas que Dios ha hecho en mi vida han sido el fruto de Su Palabra. Esto incluye la revelación que Él me ha mostrado, el llamado al ministerio que Él me dio, la gente que he visto resucitar de entre los muertos, los ojos ciegos y los oídos sordos que he visto sanar, y muchos otros milagros, y la manera tan abundante como Dios ha cubierto mis necesidades. Todo el bien en mi vida ha venido conforme la semilla de la Palabra de Dios ha echado raíz en mi corazón y ha producido.

Una vez que la semilla ha enraizado, consecuentemente produce. ¡Qué verdad tan maravillosa! Yo no sé tú qué piensas, ¡pero a mí esto todavía me emociona!

En mi propiedad hay unas peñas muy grandes. Hay una peña, a la que me gusta ir caminando para sentarme en ella, que mide más de 28m de altura (más de 28m por encima del suelo). Sin embargo, en la parte más alta de esta enorme peña hay una pequeña grieta con un área en la que el viento ha depositado algunas hojas y un poco de detritus. Con el paso del tiempo, se ha formado un poco de tierra. De alguna manera, una semilla llegó hasta allí a la cima de esta peña de más de 28m, echó raíces, y ahora hay un árbol que está creciendo allí. Por supuesto que, el árbol ha crecido tanto que ése poco de tierra que está en la cima de esta peña no es suficiente, por lo tanto está echando raíces aún más abajo y está agrietando esa gran peña. Hay otras peñas en mi propiedad que literalmente han sido partidas en dos por una semilla pequeñita que empezó a echar raíz y a crecer. ¡El poder que está contenido en una semilla es asombroso!

Una pequeñita semilla de la Palabra de Dios puede destruir cualquier enfermedad, y dolencia, problema emocional, o problema de dinero, si tan sólo tomamos la Palabra de Dios, la guardamos en nuestro corazón, y le permitimos que nos domine. ¡Tan efectiva es!

MEDITAR, GERMINAR, LIBERAR

Pero tú debes protegerla. Tú tienes que permitir que la Palabra eche raíz en ti. No puedes simplemente seguir la revelación de alguien más. No puedes ir y nada más decirle a la gente "Andrew Wommack dice…" Eso no va a convencer a nadie. Tú tienes que tomar lo que estoy diciendo, meditar en ello, y dejar que el Señor lo ratifique en tu corazón. Una vez que la revelación es tuya, entonces puedes salir y decir: "Dios me dijo esta verdad. La Biblia dice en Marcos 16…" y entonces decirle a la gente directamente lo que el Señor te comunicó.

EL CAMBIO SIN ESFUERZO

No es suficiente que sepas lo que yo creo que dice la Palabra de Dios. ¡Tiene que convertirse en una revelación personal para ti!

Esto es profundo. Sin embargo, es sorprendente la cantidad de personas que no tienen la Palabra de Dios verdaderamente enraizada en ellas. Dios me hizo consciente de que estaba viviendo de la revelación de alguien más. Recuerdo que me dije a mí mismo: "Eso nunca va a volver a suceder. En el nombre de Jesús, de ahora en adelante va a ser mi revelación. Quizá escuché que otra persona la dijo, pero yo voy a recurrir a Dios y voy a meditar en esa Palabra hasta que germine y que libere su vida dentro de mí. ¡Se va a convertir en lo que Dios me dijo a mí!" Hay miles de cosas que he obtenido poco a poco de la Palabra. A lo mejor escuché a alguien más y eso plantó la semilla, pero se convirtió en mi revelación conforme se enraizó en mi interior.

MI REVELACIÓN

Capítulo 16
¡AHOGADA!

Ahora hemos llegado al tercer tipo de persona que escuchó la Palabra de Dios y de la manera como le respondió.

Estos son los que fueron sembrados entre espinos: los que oyen la palabra, pero los afanes de este siglo, y el engaño de las riquezas, y las codicias de otras cosas, entran y ahogan la palabra, y se hace infructuosa.

MARCOS 4:18-19

Además de los cuatro tipos diferentes de suelo en los que la Palabra de Dios fue plantada, esta parábola también habla de una secuencia. Primero empiezas sin ningún deseo por la Palabra. En esta etapa la Palabra es como agua que se escurre entre los dedos. Entra por un oído y sale por el otro. Ése es el primer tipo de persona.

Al segundo tipo de persona le gustó la Palabra, y estaba emocionada por ella, pero no tenía raíz en sí misma.

El tercer tipo de persona es la que ha aprendido estas verdades a tal grado que está emocionada por la Palabra y ha meditado en ésta tanto que ha empezado a echar raíz. Hay verdadera vida y fortaleza procediendo de estas personas. La Palabra de Dios está empezando a producir resultados en sus vidas, pero luego se ocupan con los afanes de esta vida, el engaño de las riquezas, y las codicias de otras cosas.

Personalmente, creo que ya he pasado las etapas del primer y del segundo tipo de personas. Creo que estoy saliendo de la etapa del tercer tipo de persona y estoy entrando a la etapa del cuatro tipo, donde estoy empezando a ser productivo. Sin embargo, todavía batallo con algunas de las mismas cosas. Todavía me ocupo de otras cosas en vez de ocuparme de lo que Dios verdaderamente me ha llamado a hacer. Yo creo que esto nos afecta a muchos.

CONSTANTEMENTE BOMBARDEADOS

En nuestra época, tenemos un acceso a la información que las pasadas generaciones nunca tuvieron. ¿Te das cuenta de que las generaciones que existieron antes de la década de 1950 esencialmente estaban aisladas? Las noticias y la información se tardaban mucho tiempo para llegar a su destino. La gente vivía en comunidades más pequeñas, y no tenían todas las presiones y preocupaciones del mundo abrumándolos como nos sucede a nosotros. Hoy por hoy, si algo sucede en el otro lado del planeta, nos enteramos casi instantáneamente. Podemos prender la televisión y ver en vivo la cobertura de lo que sucedió. Tú puedes literalmente traer los problemas de este mundo a tu vida. Mientras que, para las generaciones pasadas, podrían tardarse semanas, o inclusive hasta un mes, para poder enterarse de lo que sucedió. Para ese entonces, es probable que el problema en cuestión ya hubiera terminado, por lo que no causaba el mismo nivel de ansiedad, preocupación, o inquietud.

¡AHOGADA!

Hoy en día estamos siendo constantemente bombardeados no solamente con las noticias y los problemas de este mundo, sino también con muchas formas de entretenimiento. Tenemos una abundancia de programas de televisión, películas, y juegos de video. También, pareciera que la gente está trabajando más arduamente que en otros tiempos. Los americanos son de las personas más adictas al trabajo en el mundo. Las personas que trabajan solamente cuarenta horas por semana son la excepción. La mayoría de los empleados trabajan más de las cuarenta horas. La gente se está entregando a esta manera de vivir, y eso ahogará la Palabra.

Ahora bien, no me malinterpretes. No estoy diciendo que Dios quiere que nos aislemos y que ingresemos a un monasterio para que podamos estar allí estudiando la Biblia las veinticuatro horas del día. Eso no es lo que quiero decir. Sin embargo, lo que estoy diciendo es que meditar en la Palabra requiere tiempo. Se requiere tiempo en cantidad, y no solamente tiempo de "calidad", para que la Palabra eche raíz en nuestro interior. Hoy gran parte de nuestro estilo de vida no es propicio para que la Palabra de Dios eche raíz en nuestra vida.

Sadhu Sundar Singh fue un Cristiano muy efectivo que vivió en India a principios del siglo XX. Él realizó grandes milagros, incluso resucitó a varias personas de entre los muertos en un mismo día. Este hermano tuvo un gran ministerio.

Por el año 1910, Sundar viajó por barco de la India a la Ciudad de Nueva York. Le tomó uno o dos meses para llegar, dado el medio de transporte que usó. Debido a esto, él había

EL CAMBIO SIN ESFUERZO

hecho citas para todo un año para sus reuniones en los Estados Unidos. Él desembarcó en la Ciudad de Nueva York, se pasó treinta minutos caminando por los alrededores, y después decidió regresarse al barco para regresar a la India. Él comentó: "No tiene objeto que yo le ministre a la gente aquí en América. Este estilo de vida no le permite a la Palabra de Dios que eche raíces en sus corazones". ¡Y eso sucedió hace cien años! Sin embargo, es la misma verdad de la que estamos hablando aquí. Los afanes de este mundo, el engaño de las riquezas, y las codicias de otras cosas entran y ahogan la Palabra (Mr. 4:18-19).

TOMA TIEMPO PARA DESCANSAR

El ajetreo no es propicio para la espiritualidad. Hay un equilibrio en esto, pero la mayoría de la gente no está viviendo con este equilibrio. La mayoría de nosotros estamos mucho más ocupados con otras cosas que con Dios y Su Palabra. Si tú le preguntaras a una persona común y corriente cómo está, la mayoría de las respuestas tendrían que ver con lo ocupado que están. Cuando alguien me hace esa pregunta, a veces contesto: "¡Estoy más ocupado que un manco hablando por teléfono!" Mucha gente dice: "Estoy tan ocupado como nunca lo he estado". Eso es algo muy típico. Sin embargo, de acuerdo con Marcos 4, es el ajetreo lo que le impedirá a la Palabra de Dios que funcione en tu vida y que dé fruto. Necesitas dedicar tiempo a estar reposando y absorbiendo la Palabra de Dios para que ésta pueda liberar su poder en tu vida.

Mucha gente dice que dedica un tiempo de estudio a la Palabra. Para ellos, eso significa pasar unos cinco minutos

---

leyendo la Palabra por la mañana cuando se levantan. Reconozco que hay algún beneficio en eso. Sin embargo, si solamente estás tratando de pellizcarle cinco o diez minutos a tu día para tratar de escuchar la voz de Dios y de que tu mente permanezca en las cosas de Dios, pero el resto de tu día andas corriendo como loco, la Palabra de Dios no va a reproducirse en tu vida.

Requiere de periodos de descanso.

> *Estad quietos, y conoced que yo soy Dios.*
> SALMO 46:10

Tienes que estar quieto y debes silenciarte a ti mismo. Si me involucro mucho, me ocupo y ando corriendo como loco, necesito un período de tiempo para poder sentarme, tranquilizarme, y llegar al punto de que puedo escuchar a Dios con mi corazón. Eso me toma un poco de tiempo. Si he estado preocupado por algo por mucho tiempo—quizá días o semanas—y no he tomado tiempo para estar quieto y conocer que Él es Dios, entonces me tardo más para poder penetrar y romper la barrera para poder escuchar y sintonizarme con el mundo espiritual. Si he estado pasando mucho tiempo con el Señor, y estoy siendo sensible a Él, entonces podría ocuparme y atarearme con algo por una hora, para después desocuparme y regresar al ámbito espiritual. Pero si han pasado días o semanas en los que he estado preocupado por algo más, entonces requiero tiempo—no solamente calidad, también cantidad de tiempo—para aquietarme, tranquilizarme, y permitirle a la Palabra de Dios que funcione en mi vida.

EL CAMBIO SIN ESFUERZO

Una noche en un sueño vi: "Salmo 46:10". No vi las palabras de ese salmo. Solamente vi la cita. Aunque he ministrado con base en ese versículo cientos de veces, cuando me desperté, no podía acordarme de lo que ese versículo dice, por más que lo intentaba. Así que lo consulté. Inmediatamente fue como reconocer a un amigo familiar; pero sentí que estaba tratando de decirme algo más. Así que medité en ese versículo toda la mañana. No creo que este versículo solamente hable de estar quietos físicamente. Creo que también incluye aquietar nuestra mente y nuestras emociones y que tiene muchas otras aplicaciones. Pero esa tarde, decidí que me iba a estar literalmente quieto por una hora para ver qué sucedía. Fue asombroso. No moví nada más que mis ojos. No mecí mi silla ni cambié de posición. Estaba quieto como una piedra. Un venado caminó hasta donde yo estaba. Una ardilla listada se subió a mi zapato. Estaba quieto. Y reparé en las cosas de mi alrededor en las que no me había fijado antes. Escuché el viento soplando entre los árboles; había estado soplando todo el día pero mi ajetreo me había distraído de manera que no lo había percibido sino hasta que estuve totalmente quieto. Conté docenas de ardillas listadas que no había visto antes. Había miles de hormigas y antes de que me aquietara, nunca me había fijado en ellas. Me estaba perdiendo de muchas de las cosas que estaban sucediendo a mi alrededor, por estar ocupado.

El Señor usó esa situación para decirme que ocuparse con este mundo natural limita nuestra percepción del mundo espiritual. O como Jesucristo lo expresó: los afanes de este siglo, y el engaño de las riquezas, y las codicias de otras cosas ahogan la Palabra.

¡AHOGADA!

Un estilo de vida en el que andas de prisa y con ansiedad todo el tiempo, le impedirá a la Palabra de Dios que funcione en tu vida. Hasta Jesucristo tomó tiempo para relajarse. A Él lo buscaba tanto la gente para que les ministrara que a veces ni siquiera tenía tiempo para comer. Por lo tanto él trataba de apartarse con sus discípulos; en una ocasión les dijo: "Vayamos a un lugar desierto". ¿Sabes por qué el Señor quería hacer eso? De acuerdo, Su meta era evangelizar a la gente. Sí, Él deseaba influenciar tantas vidas como pudiera. Sin embargo, después de que Él y sus discípulos habían andado de gira ministrando, Él le estaba diciendo a sus discípulos que se apartaran, que descansaran por un rato, y que fueran a un lugar desierto. Jesucristo hizo eso porque se daba cuenta de que los afanes de esta vida, el engaño de las riquezas, y las codicias de otras cosas ahogan la Palabra de Dios.

AÍSLATE

Necesitas tiempo durante el cual puedas apartarte de todas las ajetreadas actividades de la vida cotidiana, y aislarte por un tiempo para enfocarte en la Palabra de Dios. Ahora bien, no es necesario que tengas la nariz metida en la Biblia. Debes hacerlo hasta cierto punto, porque no puedes meditar en versículos que no conoces. Pero si ya has estado leyendo la Biblia tú podrías sentarte en el patio y orar acerca de lo que ha sucedido durante ese día. Tú podrías meditar en las Escrituras que Dios te ha dado y podrías pedirle que te muestre cosas.

Yo hago eso muchas veces. Yo construí un sendero en mi propiedad, y camino por él una o dos horas cada día. Me paso ese tiempo meditando en las cosas de Dios, pensando sobre lo que Él me está guiando a hacer, y meditando en las Escrituras. Tenemos un pequeño columpio en nuestro patio en el que me gusta sentarme. Tú no puedes ver otra casa desde mi propiedad, así que me gusta sentarme afuera y ver las montañas. Veo alrededor, medito, y pienso en diferentes cosas. Ese tiempo es importante.

Una de las cosas que va a detener el funcionamiento de la Palabra de Dios en tu vida es el estar ocupado. Si Satanás se apareciera con un traje rojo, con cuernos, y con un bieldo, la mayoría de nosotros opondríamos resistencia, diciendo: "¡De ninguna manera cederé ante ti!" De la misma manera, la mayoría de nosotros rechazaríamos películas pornográficas, e inclusive muchas películas con clasificación R, o cualquier otra cosa que sea obviamente del diablo. Pero no tiene nada de malo tener un trabajo, una profesión, y una familia. Trabajar en tu empleo y pasar tiempo con tu familia son cosas buenas y apropiadas si se les da el lugar correcto, pero no es bueno cuando llenamos nuestra vida de tantas cosas que nos queda poco o nada de tiempo para Dios y Su Palabra. Quizá tú estás ocupando tu vida con cosas decentes—cosas que no son inmorales—pero si no tienes tiempo para sentarte y meditar en las cosas del Señor, eso le impedirá a la Palabra de Dios que funcione en tu vida.

Personalmente en mi propia vida, Dios ha tratado conmigo en relación a diferentes cosas. Esas cosas no son pecaminosas, pero Él me ha dicho que no puedo dejar que absorban todo mi tiempo. No necesito otro hobby. No necesito hacer nada más, especialmente por mi personalidad. Tengo una personalidad de tipo compulsiva, lo cual quiere decir que todo lo que hago lo hago de manera excesiva. Algunos de mis amigos han tratado de animarme para que haga ciertas cosas. Son cosas que ellos disfrutan, y para ellos no son un problema. Pero yo simplemente no tengo tiempo para dedicárselo a ninguna otra cosa. ¡Tengo que mantener las prioridades!

Me gustaría de una manera u otra hacer que la gente comprendiera esto, porque Satanás realmente lo está usando para estorbar el crecimiento personal de la gente. Él nos sonsaca para que estemos tan ocupados, que impidamos el fluir de lo que Dios ha dispuesto para nuestro cambio. Nos preocupamos tanto, que no tomamos tiempo para pasarlo con la Palabra y conviviendo con Dios. Esto estorba el cambio que Dios quiere realizar.

CONVIVIENDO CON DIOS

Si vas a tener un cambio que sea eficaz—la Palabra de Dios dando fruto en tu vida—debes empezar a pasar cierta cantidad de tiempo conviviendo con Dios a través de la Palabra. Tienes que tomar estas verdades, plantarlas, y guardarlas en tu corazón. A algunas personas no les gusta eso, pero así es como funciona el reino. Ésta no es forzosamente la manera como nosotros hubiéramos determinado que se hiciera, pero el Señor nos dijo que así opera su reino. Y como Él es el Señor, su reino va a funcionar como Él lo dice y no de la manera que tú escojas.

EL CAMBIO SIN ESFUERZO

Esto es algo con lo que tengo que lidiar todo el tiempo. Constantemente tengo que buscar la manera de dejar algo de tiempo libre y tengo que obligarme a no ocuparme demasiado.

Aunque no siento la tentación de salir y hacer ninguna de esas cosas que la iglesia llama "pecado", con frecuencia Dios tiene que tratar conmigo, porque me preocupo mucho por el ministerio. Son las cosas relacionadas con el ministerio las que acaparan mi tiempo que debería emplear para convivir con Dios y estudiar Su Palabra. El Señor ha tenido que tratar conmigo por eso. Y si yo puedo ocuparme y preocuparme mucho con el ministerio—con cosas que son buenas y que son para ayudar a otras personas—de manera que la Palabra de Dios se ahoga y es obstaculizada en mi vida, ¿qué puede pasar en las vidas de las personas que están ocupadas con su desarrollo profesional y que toda la semana andan llevando y trayendo a los niños de aquí para allá?

No me malinterpretes. Mi objetivo no es decirte lo que puedes o no puedes hacer. Sin embargo, quizá eres una de esas personas que aman a Dios, le dan importancia a Su Palabra, y quieren ver el fruto, pero están tan ocupados con toda clase de cosas "buenas", que la semilla de la Palabra de Dios se está ahogando en sus vidas. Muchos Cristianos simplemente tienen muchos compromisos. Continuamente andan sirviendo de taxistas llevando a sus hijos de aquí para allá y de allá para acá, y participan en todas las actividades que la iglesia ofrece. Si no tienes cuidado, eso ahogará la Palabra de Dios y te impedirá que seas productivo. Estas cosas no son malas—simplemente son cosas naturales.

¡AHOGADA!

QUÉDATE EN CASA

Cuando estaba en Vietnam, tenía mucho tiempo libre. Yo no era uno de los soldados de infantería, que constantemente estaban haciendo largas caminatas en el campo de batalla y peleando con el enemigo. Sí vi algo de acción, y había mucho peligro por estar en esa base de artillería. Sin embargo, en general, era aburrido nada más estar sentado en esa colina. Yo era un asistente del capellán asignado al cuartel de brigada. Sin embargo, estaba en el nivel de batallón. Eso significa que nadie tenía autoridad directa sobre mí porque yo les enviaba mis reportes directamente a gentes que estaban a cuarenta y cinco millas de distancia. Es por eso que yo tenía tanto tiempo libre a mi disposición.

Así que empecé a estudiar minuciosamente la Palabra de Dios durante quince o diez y seis horas por día. Estudiaba toda la Biblia todo el día. Estaba de guardia en el búnker todos los días y me pasaba horas orando y comunicándome con el Señor. Después de pasados más de trece meses de estar constantemente en la Palabra y orando, regresé a mi casa en los Estados Unidos y estaba listo para ir a la iglesia y pasar tiempo con otros Cristianos. Como tenía coche, me convertí en el taxista de unos amigos que eran más jóvenes que yo, durante la temporada que recorrimos toda el área metropolitana de Dallas y Fort Worth. Con frecuencia andábamos por allí hasta la una o dos de la mañana asistiendo a reuniones de oración, reuniones de avivamiento, y hasta vigilias de oración.

EL CAMBIO SIN ESFUERZO

Todo eso da buena impresión, pero un mes después de que regresé de Vietnam, empecé a darme cuenta de que mi sensibilidad espiritual respecto a Dios estaba disminuyendo. Mi corazón no estaba tan enfocado en Él como antes. No estaba haciendo nada pecaminoso ni inmoral, pero el Señor me dijo: "Estas salidas a la iglesia todas las noches están destruyendo tu relación conmigo".

Ahora bien, es posible que tú no entiendas eso. Es más, quizá hasta te sientes tentado a pensar que estoy en contra de la iglesia. Permíteme asegurarte que no es así. Yo estaba asistiendo a la iglesia todas las noches—siete noches por semana. En el área metropolitana de Dallas y Fort Worth, siempre había algún lugar al que se podía ir. Además, teníamos reuniones de oración por la mañana y otras reuniones durante el día. Estaba tan involucrado haciendo todas esas cosas—cosas santas—que eso estaba desarraigando la Palabra de mi vida. Así que una de las cosas que el Señor me dijo que hiciera fue que me quedara en casa por lo menos dos noches por semana. Él específicamente me dio instrucciones de que no fuera con mis amigos a alguna reunión de avivamiento, conferencia, o reunión de oración, sino que me quedara en casa estudiando la Palabra y conviviendo con Él. Necesitaba volver a establecer una relación personal con Dios.

LAS MALAS HIERBAS

Es como las malas hierbas que germinan alrededor del tallo de la planta de maíz que sembraste. La tierra tiene una cantidad limitada de nutrientes. Esas hierbas succionarán gran parte de la humedad y los nutrientes del suelo, lo cual le impedirá a esa semilla que sí quieres que crezca que produzca y dé fruto. Esto es lo que nos sucede cuando nos ocupamos mucho haciendo otras cosas. No tienen que ser cosas malas. Pero puede suceder que nos ocupemos tanto con ellas que eso nos consuma la atención y la energía. En realidad no tenemos nada de tiempo para poder enfocarnos en y de convivir con el Señor.

Seamos sinceros, ¿tú te quedas dormido cada vez que tratas de aquietarte y estudiar la Palabra? ¿Estás tan ocupado que ni siquiera duermes lo suficiente? Muchos de nosotros estamos llenando nuestra vida de muchas cosas, y eso no está mejorando la calidad de ésta. La verdad es que nos hemos llenado de ocupaciones. Ese estilo de vida tiene que cambiar.

¿Estás viendo el cambio que deseas en tu vida? ¿Estás dando el fruto que sabes que Dios quiere que des? Si no, te invito a que empieces a pasar algo de tiempo en el cual solamente estés enfocado en las cosas del Señor. No voy a establecer una cierta duración para este tiempo porque puede variar de una persona a otra. Si tú pasas de no invertir nada de tiempo a dedicar treinta minutos al día con tu atención puesta en Dios—con todo lo demás fuera de tu mente—verás unos beneficios muy grandes. Quizá ya has estado pasando esa cantidad de tiempo, y el Señor está tratando de llevarte a un nivel más profundo. Tú solamente necesitas tomar la decisión de que vas a empezar a quitar todas esas cosas que ahogan la Palabra de Dios en tu vida.

EL CAMBIO SIN ESFUERZO

Capítulo 17
MENOS

S olamente hubo un suelo que realmente produjo el fruto deseado. Es en este último tipo de corazón en el que la Palabra de Dios fue sembrada.

Y éstos son los que fueron sembrados en buena tierra: los que oyen la palabra y la reciben, y dan fruto a treinta, a sesenta, y a ciento por uno.

MARCOS 4:20

Todos queremos ser como este último tipo de suelo. Todos queremos producir una cosecha abundante con buen fruto. Sin embargo, el mejor tipo de suelo no tenía más. Tenía menos.

EL PRIMER LUGAR

Cuando el Señor me mostró esta verdad, apenas me estaba iniciando en el ministerio. Me impactó muy profundamente porque estaba muy consciente de que yo era simplemente un provinciano de Texas. Mi voz no es una voz que pudiera considerarse buena para el radio y la televisión. Dios escoge las cosas débiles de este mundo para avergonzar a lo fuerte (1 Corintios 1:26-28). Si yo estuviera seleccionando gente para que salieran en el radio y la televisión, yo no me habría escogido a mí mismo. ¡Te lo aseguro! Estaba muy consciente de todas mis desventajas—mi voz, mi apariencia, el hecho de que soy un provinciano de Texas, y que no tengo el "carisma" que muchas otras personas tienen. Por eso, yo dudaba con honestidad que

Dios pudiera usarme. Pero el Señor realmente me motivó a través de esta parábola.

El me mostró que era la semilla—la Palabra—la que produce el fruto. Y el suelo que produjo el mejor fruto no fue el suelo que tenía más, fue el suelo que tenía menos—menos piedras, menos espinas, y menos hierbas. El suelo que era verdaderamente productivo no era el que tenía más que los demás; era el suelo que tenía menos.

Esto me hizo entender que en realidad yo no necesitaba todas esas aptitudes externas en las que la gente normalmente pone tanto énfasis para poder dar fruto. En realidad el meollo del asunto es el corazón. Si yo me deshiciera de las piedras, las espinas, y las hierbas, podría dar mucho fruto. Necesitaba eliminar las cosas que absorbían mi atención y consagrarme totalmente a Dios. Si le doy a la Palabra de Dios el primer lugar en mi corazón, entonces esa Palabra producirá una cosecha abundante en mi vida.

Eso realmente me motivó. Yo oré y dije: "Dios, si lo que verdaderamente hace que tu Palabra se haga más fructífera es ser menos, entonces por supuesto que puedo ser menos. Quizá no puedo ser más, pero definitivamente puedo ser menos. Puedo deshacerme de las cosas que me estorban".

Quizá no sientes que eres el cuchillo más afilado del cajón. Quizá estás muy consciente de que tienes toda clase de desventajas que otras personas no tienen. Sin embargo, tú puedes comprometerte con la Palabra de Dios y meditar en ella hasta que la Palabra eche una raíz profunda en tu corazón. Tú puedes evitar que cualquier otra cosa desvíe tu atención o que mine la fuerza de tu corazón, que podría estar dirigida al Señor. Si te consagras totalmente al Señor y a Su Palabra, la Palabra de Dios hará de ti un triunfador. Hará que el fruto venga en cualquier área a la que Dios te haya llamado y ungido para ministrar.

UNA VENTAJA

El relato de Lucas dice:

> *Mas la que en buena tierra, éstos son los que con corazón bueno y recto retienen la palabra oída, y llevan fruto en paciencia.*
>
> LUCAS 8:15 REINA VALERA ANTIGUA

Si te detienes y piensas al respecto, toda esta parábola trata de la paciencia. Se trata de plantar una semilla para después levantar una cosecha. Todo aquel que alguna vez ha usado semillas sabe que tiene que darle tiempo a esa semilla para que funcione. El tiempo en realidad es una ventaja. Es un beneficio para el agricultor. No es algo negativo sino positivo.

Cuando tú plantas una semilla en el suelo, no sabes qué es lo que está sucediendo. Pero si tú dejas esa semilla en la tierra, la riegas y quitas las hierbas malas, Dios ha determinado que al pasar el tiempo germinará y echará raíz. La planta crecerá y el fruto madurará. El tiempo en realidad es un beneficio. En vez

---

EL CAMBIO SIN ESFUERZO

de ver al tiempo como algo negativo, debes verlo como si fuera un amigo.

Después de hablar más o menos en estos términos sobre el proceso de crecimiento y de que éste requiere tiempo, recuerdo que uno de mis estudiantes en la escuela Bíblica se enojó y dijo: "No tengo diez años para madurar. Dios me ha dicho que se supone que debo evangelizar a un millón de personas. ¡Jesucristo va a venir pronto!" Así que a pesar de todos los versículos que hablan de no poner a un novicio en una posición de autoridad, de todos los versículos que hablan del crecimiento que se da con el transcurso del tiempo, ese muchacho decidió que iba a violar todo eso, y que iba a hacerlo a su manera. De hecho dejó la escuela para poder irse a cambiar el mundo en un corto período de tiempo. Esto sucedió hace varios años, y lo que dijo todavía no se ha realizado. Él vio el tiempo como algo negativo, y dijo, "¡no puedo darme el lujo de esperar!"

Ahora que he estado en el ministerio por más de cuarenta años, veo el tiempo como una ventaja. He estado sembrado la Palabra de Dios en mi vida por décadas. He estado meditando en estas verdades por años. Hoy en día todavía estoy cosechando a causa del tiempo que invertí hace décadas en el reino de Dios.

REPRODUCCIÓN Y MULTIPLICACIÓN

Una vez que se ha sembrado la semilla, con el tiempo ésta crecerá y se multiplicará. Considera el diente de león. Si tú sembraras una semilla de diente de león en tu jardín, con el tiempo ese diente de león se multiplicaría y llenaría tu jardín. Así

MENOS

es como funcionan las semillas. El tiempo en realidad es un amigo de la semilla porque permite la reproducción y la multiplicación.

No pienses: "¡Uy!, tengo darle tiempo a la Palabra para que crezca, madure, y eche raíz en mi interior". Debes verlo positivamente. Cada segundo que pasas meditando en la Palabra de Dios y plantando las semillas en tu corazón, estás poniendo en movimiento un proceso que no puede ser detenido. Las semillas son poderosas.

Han pasado más de treinta años desde que el volcán de *St. Helens* hizo erupción.[1] Por la devastación que ocasionó, todos los científicos de aquel entonces predijeron que se necesitarían cientos de años para que esa área volviera a regenerarse, para que los animales regresaran, y para que las flores volvieran a crecer. Ahora están impresionados de que las cosas estén muy regeneradas tan sólo después de un período de treinta años. Ha sobrepasado las expectativas de todos. Los científicos no entendían el poder que está en esas semillas. Hubo mucho calor y avalanchas de lodo; sin embargo esas semillas están haciendo aquello para lo que Dios las creó. Empezaron a producir, y un año después ya estaban dando señales de regeneración germinando aquí y allá.

Dios ha puesto semillas en Su Palabra. Necesitamos tomar esas semillas, plantarlas en nuestros corazones, y dejarlas allí. Si mantenemos la Palabra de Dios llena de vigor y viva en nuestro interior, continuará beneficiándonos, durante veinte, treinta, cincuenta años… si el Señor se retrasa en su venida.

EL CAMBIO SIN ESFUERZO

Así es como el reino de Dios funciona. Una vez que comprendes este principio, tú puedes tomar la Palabra de Dios, sembrarla en tu vida, y mantenerla allí. En vez de desanimarte porque requiere tiempo, puedes motivarte. Una vez que pones el sistema a funcionar, y que hayas invertido tiempo, la Palabra de Dios te cambiará de manera sobrenatural. Serás cambiado cómodamente por la Palabra de Dios. Brotará y crecerá en tu vida. Serás transformado.

Yo vivo en las montañas de Colorado. Allí hay una elevación vertical de 76m, desde la carretera que pasa frente a nuestro domicilio hasta nuestra casa. Así que nuestra propiedad está tan empinada que es difícil caminar por ella, especialmente en el invierno por la nieve. Añádele a esto el hecho de que nuestra altitud es de 274m y te darás cuenta de que escalar esas montañas realmente pone a prueba tus pulmones. Por lo tanto, decidí construir un camino que hiciera zigzag a través de mi propiedad para que yo pudiera caminar de arriba abajo sin que se me fuera el aliento.

Empecé a construir ese camino usando herramientas de mano en 1994. La mayor parte de mi propiedad es de detrito de granito y solamente lograba avanzar unos 3m por hora. Este camino mide 4km de longitud de ida y vuelta. Así que parecía que me iba a tardar una eternidad para terminar ese camino. Trabajé en él hasta el año 2000 y todavía le doy mantenimiento hoy en día.

Pero lo que quiero decir con este relato es lo siguiente. Ahora, cada vez que salgo a andar por mi camino, estoy cosechando los beneficios de la labor que hice en aquellos años desde 1994 hasta el 2000. Sí, es cierto que me tomó seis años construir ese camino pero he estado usándolo por casi veinte años hasta el día de hoy. Ése no fue tiempo perdido. Estoy cosechando los beneficios de eso todos los días. Así mismo, el tiempo que te tomas haciendo que la Palabra eche raíces y se establezca en ti no es tiempo perdido. Tú cosecharás las recompensas por el resto de tu vida.

EL CAMBIO SIN ESFUERZO

Capítulo 18
EL PROCESO DEL CRECIMIENTO

El mismo día que Jesucristo enseñó la parábola del sembrador que siembra la semilla, también dijo:

> *Así es el reino de Dios, como cuando un hombre echa semilla en la tierra; y duerme y se levanta, de noche y de día, y la semilla brota y crece sin que él sepa cómo. Porque de suyo lleva fruto la tierra, primero hierba, luego espiga, después grano lleno en la espiga; y cuando el fruto está maduro, en seguida se mete la hoz, porque la siega ha llegado.*

MARCOS 4:26-29

Aunque éste es un pasaje simple de las Escrituras, es muy profundo. Está lleno de significado.

En primer lugar, dice que el reino de Dios es "como cuando un hombre echa semilla en la tierra". Éste es el mismo principio que se encuentra en la parábola del sembrador que siembra la semilla. La Palabra de Dios es como una semilla que está plantada en el suelo de nuestro corazón.

COOPERA Y COSECHA

Luego, en el versículo 27 dice:

EL CAMBIO SIN ESFUERZO

> *Y duerme y se levanta, de noche y de día, y la*
> *semilla brota y crece sin que él sepa cómo.*
>
> MARCOS 4:27

Así como cuando plantas una semilla en la tierra, en realidad no sabes qué es lo que está sucediendo, sucede lo mismo cuando plantas la Palabra de Dios. La humanidad, con todo su conocimiento, ha puesto satélites en órbita, gente en la luna, y ha enviado naves espaciales a otros planetas. A pesar de todo lo que la humanidad ha logrado y de todo nuestro conocimiento acumulado, no podemos fabricar una semilla. Sí, podemos hacer algo que se vea como una semilla, con el mismo tamaño, color, y substancias químicas. Podría ser casi igual a una verdadera semilla en todos los aspectos, y hasta podría engañar a la gente. Pero si tú tomas una semilla hecha por el hombre y la siembras en la tierra, no germinará ni se reproducirá. ¿Por qué? Porque no hay nada de vida en ella.

A pesar de todo nuestro conocimiento, los seres humanos no hemos sido capaces de entender cómo es que una semilla hace lo que hace. Es porque Dios lo determinó de esa manera. Sin embargo, aunque no lo comprendemos, eso no nos impide que tomemos las semillas y que las plantemos en la tierra. Hemos aprendido un poco sobre cuánto tiempo necesita la semilla para que germine y produzca una cosecha. Hemos aprendido qué hierbas debemos quitar. Hemos aprendido qué temperatura y qué cantidad de agua necesita. Hemos aprendido lo suficiente sobre la semilla para poder cooperar con ésta, pero todavía no comprendemos el proceso. Sin embargo, funciona. Cada uno de nosotros se beneficia de las semillas que se siembran por todo el

EL PROCESO DEL CRECIMIENTO

mundo cuando comemos nuestro pan, la fruta, y los vegetales. No lo comprendemos, pero aun así nos beneficiamos de eso.

Esto me tranquiliza mucho a mí. No tengo que entender todo acerca del funcionamiento de la Palabra. No tengo que entender por qué si me encierro con el Señor, estudiando Su Palabra, y escuchándolo hablar a Él, eso tiene el efecto que tiene. El hecho de que no puedo dar una explicación completa del funcionamiento de la Palabra no me impide que yo coopere con ella y que coseche sus beneficios.

No tienes que ser un científico de la NASA o la persona más inteligente del mundo. No es necesario que entiendas todo para hacer que la Palabra de Dios funcione en tu vida. Todo lo que tienes que hacer es empezar a sembrar la Palabra en tu corazón. Comienza a meditar en ella día y noche. La Palabra de Dios germinará, echará raíz, brotará, y crecerá por sí misma.

TODO LO QUE JESUCRISTO SUMINISTRÓ

Dios puso vida en las semillas. El hombre no puede entenderlo, pero Dios comunicó vida a la parte interna de las semillas naturales. Él también comunicó vida a la parte interna de la semilla espiritual de Su Palabra.

Proverbios 4:20-22 dice:

Hijo mío, está atento a mis palabras; inclina tu oído a mis razones. No se aparten de tus ojos; guárdalas en medio de tu corazón; porque son vida a los que las hallan, y medicina a todo su cuerpo.

EL CAMBIO SIN ESFUERZO

La Palabra de Dios contiene Su vida en sí misma. Si tú tomaras Sus palabras, sus dichos, y los pusieras dentro de ti, entonces la calidad de vida de Dios empezaría a fluir a través de ti. Te darías cuenta de que la sanidad, la prosperidad, el gozo, la paz—todo lo que Jesucristo suministró—están contenidos en la Palabra de Dios.

La Biblia no es como cualquier otro libro, es diferente. Está viva.

> *Porque la palabra de Dios es viva y eficaz, y más cortante que toda espada de dos filos.*
> HEBREOS 4:12

La Palabra de Dios está viva. Hay una diferencia entre la Biblia y otro libro—inclusive los libros sobre la Biblia. La Palabra de Dios es diferente. Hay vida en ella. Si tú la tomas, la Palabra te dará vida donde ha habido muerte. Da luz donde había obscuridad. Es así de simple.

LA PACIENCIA

A la luz de esta verdad, no entiendo por qué la gente no pasa más tiempo estudiando la Palabra de Dios. No sé por qué nos pasamos tanto tiempo ocupados con otras cosas. La única explicación que puedo encontrar es que realmente no creemos en ella. Nosotros en realidad no creemos en el poder y la autoridad que hay en la Palabra de Dios. Si tú comprendes lo que estoy diciendo, entonces te darás cuenta de que la cosa más importante que alguna vez pudieras hacer es tomar la Palabra de Dios y empezar a plantarla en tu vida.

Dios creó Su Palabra precisamente como si fuera una semilla natural. Produce fruto por sí misma. Sin embargo, la Palabra no funciona sino hasta que es sembrada en tu corazón, de igual manera que una semilla no funciona sino hasta que es sembrada en la tierra.

En las pirámides se encontraron unas semillas que habían sido dejadas allí durante cuatro mil años. Estaban en estado latente, y nunca germinaron, porque no estaban en la tierra. Pero una vez que fueron plantadas y se les dio la temperatura correcta, los nutrientes, y el agua, empezaron a germinar y a producir plantas. De repente la vida que estaba en esas semillas emergió. ¡Eso es un milagro!

La Palabra de Dios ha sido guardada durante miles de años. Si tú la tomaras y la plantaras en tu corazón, empezaría a producir. Pero la semilla tiene que estar dentro de la tierra. La Palabra tiene que estar en tu corazón para que pueda empezar a liberar la vida. No es suficiente que tú la leas con tus ojos y que le impartas un poquito de verdad a tu cerebro. Tienes que ponerla muy adentro de tu interior. Tú debes meditar en la Palabra hasta que literalmente eche raíz en tu interior. Entonces empezará a producir de manera sobrenatural.

En esta parábola, Jesucristo estaba diciendo que el reino de Dios es como cuando un hombre echa semilla en la tierra y se levanta, de noche y de día. Esto implica tiempo. Tú tienes que ejercer la paciencia.

ACTÚA POR FE

Si tú pones una semilla en la tierra, y luego todos los días la desentierras para ver si está sucediendo algo, matarás esa semilla. La semilla debe permanecer en la tierra por un período de tiempo. Tiene que haber fe. A lo mejor los agricultores no usan esta terminología, pero es verdad. La persona que planta una semilla tiene que creer que la semilla está germinando, echando raíces, y produciendo. Tú tienes que dejar la semilla en su lugar con fe, y al pasar un período de tiempo producirá.

Sucede lo mismo con la Palabra de Dios. Tú no puedes tomar una promesa, plantarla, y esperar recibir una cosecha inmediatamente. Tú no puedes nada más escuchar 1 Pedro 2:24 por primera vez y luego confesar: "Por Sus llagas yo soy sano. Lo exijo en el nombre de Jesús", y si no eres sanado pasados diez minutos ir y desenterrar la semilla diciendo: "Pues bien, no está sucediendo nada". Y luego al día siguiente volver a hacer lo mismo. Eso no es permanecer en la Palabra, ni permitirle a la Palabra que permanezca en ti (Jn. 15:5).

Tú debes llegar al punto de que la Palabra es parte de ti. No es algo que estudias un poquito y luego vives todo tu día de manera contraria a ello. No estoy en contra de los tiempos dedicados a la oración y al estudio de la Palabra, pero tienes que mantenerte concentrado en el Señor y en Su palabra todo el día. No sacarás ningún provecho si pasas diez o veinte minutos

EL PROCESO DEL CRECIMIENTO

estudiando las Escrituras, escuchando a Dios y portándote como una persona agradable y amable, pero en cuanto se termine ese tiempo vuelves a portarte como una piraña el resto del día—siendo tan malo, tan colérico, y tan cruel con las personas con que te relacionas y con las que haces tratos de negocios como cualquier otra persona en el mundo. Quizá tú plantaste la Palabra en tu tiempo de estudio, pero después desenterraste esa Palabra. No está funcionando en tu interior. No está permaneciendo en tu corazón, y es por eso que no vas a ver que produzca. Requiere más de lo que tú das.

Tú no puedes meditar en la Palabra de Dios durante tu tiempo de estudio, y luego esperar que eso de repente cambie tu manera de actuar ese día. Tú tienes que tomar las verdades que hablan de amar a la gente (Jn. 13:34-35), de poner la otra mejilla (Mt. 5:39), de estimar a los demás como superiores a ti mismo (Fil 2:3), y dejar la semilla en tu corazón por un período de tiempo. Después, cuando alguien te irrite, tú tienes que actuar por fe y permitir que esa Palabra continúe influyéndote. Tú debes permanecer en la Palabra, y la Palabra debe permanecer en ti, para que libere su poder e impacte tu vida.

Sin embargo muchas personas están tratando de lograr algo a través de la iglesia, de las filas de oración, y de todos los medios, excepto a través de tomar la Palabra de Dios y meditar en ella, y se preguntan por qué no están obteniendo los resultados correctos. Esto es tan simple que necesitas que alguien te ayude a malinterpretarlo. Pero tú toma la Palabra de Dios, ponla en tu corazón, déjala allí, medita en ella y producirá.

EL CAMBIO SIN ESFUERZO

UNA MANIFESTACIÓN EN TODO SU ESPLENDOR

El versículo 28 continúa diciendo:

*Porque de suyo lleva fruto la tierra, primero hierba,
luego espiga, después grano lleno en la espiga.*

Se requiere tiempo para que la Palabra de Dios funcione, y al principio, cuando empieza a funcionar, no es cuando obtienes la manifestación total. Primero hierba, luego espiga, y después grano lleno en la espiga. Dicho en otras palabras, hay un crecimiento. Cuando plantas una semilla en la tierra, no sucede que la dejas allí por una semana o un mes y después— BOOM—instantáneamente obtienes un árbol maduro. No, hay un período de crecimiento.

Primero ves un tallo pequeñito que sale del suelo. Luego empieza a crecer y a desarrollarse. Todos reconocemos que así es como funciona en el ámbito físico, pero muchas personas no se han dado cuenta de que también así es como funciona en el ámbito espiritual.

Todo el tiempo hay personas que me abordan y que prácticamente no han invertido nada de tiempo para establecerse en la Palabra de Dios. Estas personas me escuchan hablar de cómo funciona la Palabra de Dios, cómo me ha liberado Dios, de gente que sana y es resucitada de entre los muertos, y de otros testimonios estupendos. Preguntan: "¿Qué versículos prometen eso?" Yo les doy una semilla, y ellos la plantan, pero si no obtienen los mismos resultados al día siguiente a la misma

EL PROCESO DEL CRECIMIENTO

hora, me dicen: "Yo no creo que esto funciona. La Palabra no funciona. Hice exactamente lo mismo que tú hiciste, y no funcionó para mí".

Tú debes reconocer que he estado tratando con el Señor por más de cuarenta años. Han pasado cuarenta y dos años desde que tuve ese encuentro con el Señor, que Dios me llamó, y que las cosas realmente empezaron a funcionar. No ha sido poco tiempo el que he pasado meditando y buscando al Señor. Pero al principio no vi la clase de resultados que estoy obteniendo hoy.

NO HAY ATAJOS

Hoy, los Ministerios Andrew Wommack necesitan aproximadamente dos millones de dólares por mes, tan sólo para cubrir los gastos y mantener las cosas operando. Yo no empecé en ese nivel. Recuerdo la primera vez que Jamie y yo nos pusimos a orar de común acuerdo para recibir una cantidad específica de dinero. Oramos y pedimos $250.00 dólares mensuales. En ese tiempo, eso habría pagado nuestra renta, todos los servicios públicos, y nos habría permitido donar $75.00 dólares por mes. Ésas eran todas nuestras necesidades.

Cuando nos cambiamos a Manitou Springs, aquí en el área de Colorado Springs, nosotros inauguramos este ministerio y empezamos a viajar. Recuerdo que Jamie y yo oramos de común acuerdo para que nuestro ingreso fuera de $3,000.00 dólares mensuales. Eso habría pagado todos los salarios de mis empleados, la renta, el costo de los casetes, y todo lo demás. Hubo un proceso de crecimiento. A veces cuando estoy hablando de los millones de dólares que necesitamos para operar hoy por hoy, la gente piensa: "Voy a tomar esos versículos y voy a ver si funcionan". Luego, si no les funciona a ellos para la próxima semana a la misma hora, dicen: "Eso de la sanidad y de la prosperidad, eso de que declámalo y reclámalo, afírmalo y agárralo no funciona". Empiezan a criticar porque no comprenden que hay un proceso de crecimiento. Hubo un proceso de crecimiento en mi vida, y habrá un proceso de crecimiento en tu vida.

Quizá eso no te gusta porque tú quieres dar un salto hacia adelante. Tú quieres saltarte todos los pasos intermedios para ir de donde estás a la madurez total. Tú puedes querer que así sea tanto como quieras. Puedes orar y rogarle a Dios. Hasta puedes juntar a mil personas para que oren contigo de común acuerdo, pero eso no importa. No puedes evadir el proceso. Primero hierba, luego espiga, después grano lleno en la espiga. Así es como el reino de Dios funciona. No hay atajos.

Personalmente, creo que el nivel de esfuerzo que pongas en buscar a Dios podría acelerar el proceso un poco, pero aún así hay ciertos pasos, etapas, y un período de crecimiento. Puedes acelerarlo hasta cierto punto, pero no puedes eliminar el proceso. No vas a pasar de un nivel, en el que nunca has visto que la Palabra de Dios funcione en tu vida, a uno en el que veas una retribución del ciento por uno. Primero hierba, luego espiga, después grano lleno en la espiga.

EL PROCESO DEL CRECIMIENTO

Hace tiempo en la escuela Bíblica tuve un estudiante que era un hombre muy agradable. Tenía un gran corazón y me caía muy bien. Sin embargo, él había pasado la mayor parte de su vida internado en un hospital psiquiátrico y tenía muchos problemas. No era conocedor de las prácticas sociales. Pero decidí encargarme de él de manera especial para verlo cambiar a través de la Palabra de Dios. Compartí muchas cosas con él. Y él realmente captó la enseñanza sobre la prosperidad. Empezó a soñar a lo grande.

Un día él me abordó y compartió conmigo los planes que tenía para comprar y restaurar un hotel viejo de cien cuartos, del cual una parte estaba quemada, para que pudiéramos usarlo de dormitorio para los estudiantes de la escuela Bíblica CBC. Él había hecho un plan. Sabía cuánto le iba a costar comprar el edificio, cuánto dinero iba a tener que pedir prestado, de cuánto iban a ser sus pagos, y qué ingreso iba a poder obtener si se rentaban los cuartos. El plan estaba muy bien pensado, y él quería saber qué era lo que yo pensaba al respecto.

Le dije que me daba mucho gusto ver que él estaba empezando a pensar en ser productivo y a confiar en Dios para cosas mayores. Pero le dije que eso definitivamente no era el plan de Dios para él en ese momento. Él se sintió desmoralizado y me preguntó qué era lo que estaba mal con su plan.

Este hombre había vivido de una pensión del gobierno toda su vida. Él estaba asistiendo a CBC gracias a un programa de asistencia del gobierno. Nunca había trabajado ni por un día durante toda su vida. Nunca había ganado ni siquiera un dólar. Y con base en esta parábola, tú no pasas de la semilla a la cosecha sin etapas intermedias. Tú no puedes acelerar instantáneamente de 0 a 100 km por hora. Eso no es una aceleración. Eso es un accidente automovilístico.

Así que, lo felicité porque iba en la dirección correcta; pero también le aclaré que no podía tratar de obtener por fe millones de dólares sino hasta que primero hubiera tenido fe para obtener un dólar. Él no podría administrar un gran hotel sino hasta que hubiera sido capaz de obtener un empleo y de ser responsable empezando con las cosas pequeñas. Él siguió avanzando y la última vez que lo vi tenía un empleo y estaba siendo autosuficiente. Él no ha llegado a la meta, pero ya arrancó.

Tú debes darte cuenta de que la semilla, el tiempo, y la cosecha son parte de un proceso que requiere tiempo. Y el tiempo es tu amigo, no tu enemigo.

EL PROCESO DEL CRECIMIENTO

Capítulo 19

LA VIDA Y EL PODER

El mismo día que Jesucristo enseñó las diez parábolas del reino, incluyendo la parábola del sembrador que siembra la semilla, la cual enfatiza la importancia y el poder de Su Palabra, el Señor también le dijo a sus discípulos que se subieran a la barca y que pasaran al otro lado.

> *Aquel día, cuando llegó la noche, les dijo: Pasemos al otro lado. Y despidiendo a la multitud, le tomaron como estaba, en la barca; y había también con él otras barcas. Pero se levantó una gran tempestad de viento, y echaba las olas en la barca, de tal manera que ya se anegaba. Y él estaba en la popa, durmiendo sobre un cabezal; y le despertaron, y le dijeron: Maestro, ¿no tienes cuidado que perecemos? Y levantándose, reprendió al viento, y dijo al mar: Calla, enmudece. Y cesó el viento, y se hizo grande bonanza. Y les dijo: ¿Por qué estáis así amedrentados? ¿Cómo no tenéis fe? Entonces temieron con gran temor, y se decían el uno al otro: ¿Quién es éste, que aun el viento y el mar le obedecen?*
>
> MARCOS 4:35-41

Ahora recuerda esto, Jesucristo se había pasado la mayor parte de ese mismo día enseñándoles a los discípulos que la Palabra de Dios es como una semilla. Tú siembras la semilla

---

en tu corazón. La semilla tiene la vida de Dios en ella, y tú no necesitas nada más. Si tú quieres un árbol en tu jardín, no tienes que conseguir un árbol. Simplemente planta una semilla, y esa semilla se convertirá en un árbol. La semilla tiene vida en sí misma.

EL CREADOR HABLÓ

Así que Jesucristo había estado enseñando estas verdades desde varios ángulos. Más adelante ese mismo día, Él dijo en el versículo 35: "**Pasemos al otro lado**". ¿Te das cuenta de lo que Jesús estaba haciendo? Él era la Palabra hecha carne y habitó entre nosotros (Jn. 1:14). Jesucristo era la Palabra de Dios encarnada. Él acababa de hablar sobre el poder de Su Palabra. ¿Entonces qué fue lo que hizo? Les dio una semilla. Les dio una Palabra.

Jesucristo dijo:

> *Pasemos al otro lado.*
>
> MARCOS 4:35

Él no le dijo a los discípulos: "Subámonos a la barca, avancemos hasta la mitad, para ahogarnos más adelante. Adentrémonos en el mar para que nos inunde la tormenta. Nunca vamos a poder llegar al otro lado". No, Él les dio una palabra.

Él era el creador del mar de Galilea. Él es el que creó los cielos, y la tierra, y todo aquello que en el ámbito natural los estaba atacando. Y el creador dijo: "Subámonos a la barca y pasemos al otro lado". Él les dio una semilla. Jesucristo les dio una palabra, y después se pasó a la parte trasera de la barca y se durmió.

Mientras Él estaba dormido, se levantó un gran viento. Se levantó una gran tempestad y las olas golpeaban la barca de tal manera que se llenó de agua. Tienes que recordar que no se trataba de un transatlántico, ni siquiera era un yate que tuviera camarotes que estuvieran secos y con temperatura agradable. No, ésta era una barquita sin cubierta.

A propósito, yo tomé una excursión en el mar de Galilea en algo que llaman "la barca de Jesús". No era la misma barca que Jesucristo usó. Pero, me dijeron que era una réplica del tipo de barcas para la pesca que usaron en esa época. Había más o menos unas treinta personas en ese barco. No tenía cubierta. No había camarotes. Si Jesucristo estaba en la parte trasera de este barco dormido sobre un cabezal, y el barco ya estaba lleno de agua, entonces eso significa que Jesucristo estaba flotando a la deriva. Él era consciente de lo que estaba sucediendo, pero en vez de levantarse para resolver la situación, se quedó dormido. ¡Eso es sorprendente!

NUNCA, NUNCA ES TU PROBLEMA

Fíjate cómo los discípulos respondieron ante esto:

> *Y él estaba en la popa, durmiendo sobre un cabezal;*
> *y le despertaron, y le dijeron: Maestro, ¿no tienes*
> *cuidado que perecemos?*

MARCOS 4:38

EL CAMBIO SIN ESFUERZO

Esto es algo muy típico—no solamente de los discípulos, pero también de la gente hoy en día. Te topas con un problema y el doctor te dice que te vas a morir, el banquero te dice que te van a embargar algún bien, tu cónyuge te dice que se va a divorciar de ti. Alguien te da una mala noticia, y de repente empiezas a sentirte deprimido. Las tormentas vienen y abordamos al Señor diciéndole: "Dios, yo creía que me amabas. ¿Por qué no estás haciendo algo? ¿No tienes cuidado que perezco?" Nosotros básicamente lo hacemos responsable como si fuera Su culpa. Dios no es el que envió la tormenta.

El sistema religioso ha creado mucha confusión en esta área, por la enseñanza que dice que Dios es "soberano", lo cual quiere decir que Él controla todo. Los que enseñan esto dicen: "Dios es el que causó o permitió tu enfermedad, la pobreza, el divorcio, o cualquier otra cosa". Eso no es verdad. Dios no causó la tormenta en Marcos 4. El Señor no controla todo lo que sucede.

Ahora bien, Jesucristo sí tenía poder y autoridad para hacer algo con respecto a la tormenta. Él ejercitó ese poder cuando reprendió el viento y le dijo al mar: "Calla, enmudece". El Señor tiene el poder, pero no todos los problemas que vienen a nuestra vida han sido ordenados por Dios. El no creó estos problemas. Que nosotros digamos: "Dios, ¿por qué permitiste que esto sucediera?" está mal. En primer lugar tú le estás atribuyendo iniquidad y desacierto al Señor, y debes dejar de hacerlo. Dios es un Dios bueno. Él no es la fuente de tus problemas. No te acerques a Dios echándole la culpa ni diciendo: "¿Cómo es que no me has sanado? ¿Por qué permitiste que tal persona muriera?" Dios nunca, nunca es tu problema.

LA VIDA Y EL PODER

Los discípulos en la barca empezaron a decir: "¡Señor, despierta! ¿No tienes cuidado que perecemos? Agarra una cubeta y desagua. Rema. ¡Haz algo para ayudarnos! No estás haciendo tu parte. Si no fuera por nosotros, ya nos habríamos hundido. ¡No has hecho nada!" Es algo muy parecido a lo que la gente le está diciendo al Señor hoy. "¿Por qué no me has sanado? He orado, hice esto, y sin embargo, Tú no has hecho tu parte. Señor, ¿no te preocupas por mí?" La verdad es que Jesucristo ya hizo Su parte. Él les dio esa palabra. Después de eso, de ellos dependía que tomaran esa palabra y que liberaran la vida que está contenida en ella creyendo en ella y confesándola. Pero ellos no lo hicieron.

REPRENDIDOS

Hoy sucede lo mismo con nosotros. La gente está orando y pidiéndole a Dios que los sane diciendo: "¿Oh, Señor, qué es lo que está mal? ¿No me amas? ¿No has escuchado lo que los doctores dicen? Por favor, por favor, sáname". Nos acercamos al Señor como si fuéramos mendigos en vez de hijos que ya han recibido su herencia. En vez de exigir aquello que nos pertenece por derecho, estamos rogando por aquello que Él podría hacer pero que no ha hecho. Nosotros pensamos que es la responsabilidad de Dios. Que a Él le toca resolver este problema, cuando la verdad es que Dios ya ha hecho Su parte. Él nos dio las semillas de Su Palabra, que son las que producirán la solución de nuestro problema. Él ha dado palabras que tienen vida en ellas mismas. Todo lo que tienes que hacer es tomar la Palabra, permanecer firme en ella, y empezar a liberar la vida que se encuentra en esa semilla—la Palabra de Dios.

EL CAMBIO SIN ESFUERZO

Los discípulos ejemplifican el estado en que se encuentra gran parte del cuerpo de Cristo. Esos cristianos están quejándose, llorando, y diciendo: "¿Señor, no te preocupas por mí? ¿Por qué no has hecho esto? ¡Por favor tócame!" Están rogando, suplicando, y dudando de la bondad de Dios. Los discípulos estaban protestando y renegando, chillando y quejándose. Fíjate en lo que Jesucristo hizo y dijo cuando lo despertaron. Él reprendió el viento, le dijo al mar que se calmara, y luego se volteó hacia ellos y les preguntó

> *¿Por qué estáis así amedrentados? ¿Cómo no tenéis fe?*
>
> MARCOS 4:40

Jesucristo no se levantó y dijo: "Muchachos, lo siento. Estaba cansado y tratando de echarme una siesta. Es mi culpa, yo los metí en este problema. Discúlpenme porque no me levanté para encargarme de eso". No, Él no dijo eso. Jesucristo no los tranquilizó. Él no estuvo de acuerdo con su pánico, sus chillidos, y sus quejas. En cambio, el Señor les preguntó: "¿Por qué están amedrentados? ¿Cómo es que no tienen fe?" Él estaba enojado por la conducta de ellos basada en la carne y decepcionado por su incredulidad. Por Sus palabras tú puedes ver que Él no aprobó su impotencia.

Habría sido injusto de parte de Jesucristo criticar a los discípulos si no hubiera habido nada que ellos hubieran podido hacer. Si la solución era que ellos se acercarán al Señor y que Él resolviera la situación, entonces Jesucristo debió haberse disculpado, diciendo: "Muchachos, discúlpenme porque no estuve despierto y a su lado". Pero ésa no es la respuesta que Él dio. En cambio, Jesucristo esencialmente los reprendió, diciendo: "¿Por qué están actuando con temor?"

"Pues bien, la mayoría de la gente podría decir que estamos a punto de ahogarnos. ¿Por qué no deberíamos estar actuando con temor?"

Si los discípulos hubieran comprendido lo que él les había estado enseñando durante todo el día, ellos habrían podido hacer algo respecto a esa tormenta. Jesucristo acababa de enseñarles diez parábolas sobre el reino de Dios. Él les había dicho que la semilla de la Palabra de Dios contiene poder y vida. Cuando Jesucristo dijo: "pasemos al otro lado", Él les dio una semilla. Él les dio Su Palabra, una promesa. Si ellos hubieran tenido algo de entendimiento, hubieran podido tomar la Palabra y permanecer firmes creyendo en ésta. Ellos hubieran podido tomar su autoridad y ordenarle a la barca que llegara al otro lado. Ellos hubieran podido reprender el viento y ordenarle a las olas que se detuvieran. Jesucristo no estuvo de acuerdo con su ineficacia. Él los reprendió diciendo: "Señores, ustedes pueden actuar mejor".

UNA ESPADA CORTANTE DE DOS FILOS

Hermanos y hermanas, ¡deberíamos estar actuando mejor! El cuerpo de Cristo se acerca a Dios llorando, pidiendo ayuda, y preguntándose por qué Él no está liberando Su poder. Están diciendo: "¿Dios, qué es lo que está mal contigo?" Así que organizan a otras cien mil personas para interceder para poder

---

EL CAMBIO SIN ESFUERZO

obligar a Dios, torcerle el brazo un poquito más, y presionarlo más hasta que lo obliguen a que envíe un avivamiento, que sane a tal persona, o cualquier otra cosa. ¡Eso es una ofensa para el Señor!

Orar así: "¡Oh Dios, por favor derrama tu Espíritu. Oh Dios, ten misericordia de nuestro país. Por favor no nos juzgues!" es ofender a Dios. El Señor ya ha derramado Su Espíritu y ha sentido misericordia por nuestro país. Dios ya ha sentido misericordia por todo el mundo porque Él puso ese juicio sobre Su Hijo en la cruz. Jesucristo ya pagó por eso—totalmente.

La única razón por la que todavía no tenemos un avivamiento al rojo vivo fluyendo por toda la tierra no es porque Dios no ha derramado Su Espíritu, es porque la gente no está haciendo lo que Él les dijo que hicieran. Le están pidiendo a Dios que haga lo que Él nos dijo que hiciéramos. Él nos dijo que vayamos a predicar el Evangelio y a enseñar Su Palabra (Mr. 16:15; Mt. 28:18-20). Él nos dijo que vayamos a sanar al enfermo. Él nos dijo que propaguemos Su reino sobre la tierra (Lc.19:13). Jesucristo nos dio estas palabras. La vida está en la semilla, y nosotros no estamos plantando la semilla. No queremos tomar tiempo para plantar la semilla en nuestro corazón, para mantenerla allí, y meditar en ella de manera que la Palabra pueda echar raíz, madurar, y producir fruto. ¡Eso cuesta trabajo! Dios no está dormido; nosotros sí lo estamos. Los miembros del cuerpo de Cristo no están haciendo lo que Dios les dijo que hicieran. Le estamos pidiendo a Él que lo haga, y no va a funcionar de esa manera.

LA VIDA Y EL PODER

¿Quieres ver el poder de Dios? ¿Quieres ver que el cambio se manifiesta en tu vida? Ésta es la manera como debes hacerlo: Dios ha declarado Su Palabra. Él ha liberado Su vida y Su poder por Sus palabras. Toda palabra que proviene de Dios es una palabra llena de fe y tiene el poder en sí misma para cambiar cualquier cosa.

Cuando el Señor regrese al final de los tiempos, Apocalipsis 19:15 dice que habrá una espada aguda saliendo de su boca con la que Él herirá a las naciones. Yo no creo que esto está describiendo una espada material, sino que más bien representa la Palabra de Dios.

LA MISMA PALABRA

Hebreos 4:12 dice:

La palabra de Dios es viva y eficaz, y más cortante que toda espada de dos filos.

Dios va a verbalizar palabras con su boca, y esas palabras van a tener mucha vida en ellas. La Palabra de Dios será la demostración más grande de poder en la historia del universo, y nos la ha dado a nosotros. El Señor va a destruir a Sus enemigos y a poner todo en orden con Su Palabra. Ahora mismo nosotros tenemos esa misma Palabra.

Tú no necesitas que un árbol caiga del cielo. Lo que necesitas hacer es tomar la semilla que Dios te ha dado, plantarla, y darle algo de tiempo. Tú puedes cultivar cualquier árbol que quieras. Tú no necesitas que un milagro caiga del cielo. Lo que debes hacer simplemente es tomar la Palabra de Dios, plantar la semilla en tu corazón, y permitirle que crezca. Entonces la vida sobrenatural y el poder milagroso de Dios surgirá desde tu interior.

Yo creo que las semillas de la Palabra de Dios que he sembrado en ti a través de este libro no se ahogarán sino que producirán hasta un ciento por uno. ¡Amén! ¡Qué así sea!

ACERCA DEL AUTOR

Por más de tres décadas Andrew ha viajado por los Estados Unidos y por el mundo enseñando la verdad del Evangelio. Su profunda revelación de La Palabra de Dios es enseñada con claridad, simplicidad, enfatizando el amor incondicional de Dios y el equilibrio entre la gracia y la fe. Llega a millones de personas a través de sus programas diarios de radio y televisión La Verdad del Evangelio, transmitidos nacional e internacionalmente.

Fundó la escuela Charis Bible College en 1994 y desde entonces ha establecido extensiones del colegio CBC en varias ciudades principales de América y alrededor del mundo. Andrew ha producido una colección de materiales de enseñanza, disponibles en forma impresa, en formatos de audio y video. Y, como ha sido desde el inicio, su ministerio continúa proporcionando cintas de audio y CDS gratuitos a todos aquellos que no pueden adquirirlos.

Para mayor información escríbenos o llámanos:

Ministerios Andrew Wommack, Inc.
P.O. Box 3333 • Colorado Springs, CO 80934-3333

Línea de ayuda (para solicitud de materiales y oración):
(719) 635-1111
Horas: 4:00 AM a 9:00 PM MST

O visítalo en la Internet: **www.awmi.net**
Charis Bible College
www.charisbiblecollege.org

RECIBE A JESUCRISTO COMO TU SALVADOR

¡Optar por recibir a Jesucristo como tu Señor y Salvador es la decisión más importante que jamás hayas tomado!

La Palabra de Dios promete: "Si confesares con tu boca que Jesús es el Señor, y creyeres en tu corazón que Dios le levantó de los muertos, serás salvo" (Ro. 10:9-10). "Todo aquel que invocare el nombre del Señor, será salvo" (Ro. 10:13).

Por su gracia, Dios ya hizo todo para proveer tu salvación. Tu parte simplemente es creer y recibir.

Ora con voz alta: "Jesús, confieso que Tú eres mi Señor y mi Salvador. Creo en mi corazón que Dios te levantó de entre los muertos. Por fe en Tu Palabra, recibo ahora la salvación. ¡Gracias por salvarme!"

En el preciso momento en que entregaste tu vida a Jesucristo, la verdad de Su Palabra instantáneamente se lleva a cabo en tu espíritu. Ahora que naciste de nuevo, hay un Tú completamente nuevo.

En realidad no importa si sentiste algo o no cuando oraste para recibir al Señor. Si tú creíste en tu corazón que recibiste, entonces la Palabra de Dios te promete que así fue. "Por tanto, os digo que todo lo que pidiereis orando, creed que lo recibiréis y os vendrá" (Marcos 11:24). Dios siempre honre Su Palabra. ¡Créelo!

Por favor comunícate conmigo para que me digas si recibiste a Jesucristo como tu Salvador. Me gustaría regocijarme contigo y ayudarte a entender más plenamente lo que ha sucedido en tu vida. "¡Bienvenido a tu nueva vida!"

RECIBE AL ESPÍRITU SANTO

Como Su hijo que eres, tu amoroso Padre Celestial quiere darte el poder sobrenatural que necesitas para vivir esta nueva vida.

> *Todo aquel que pide, recibe; y el que busca, halla; y al que llama, se le abrirá...Si vosotros...sabéis dar buenas dádivas a vuestros hijos, ¿cuánto más vuestro Padre celestial dará el Espíritu Santo a los que se lo pidan?*
>
> LC. 11:10,13

¡Todo lo que tienes que hacer es pedir, creer y recibir!

Ora: "Padre, reconozco mi necesidad de Tu poder para vivir esta nueva vida. Por favor lléname con Tu Espíritu Santo. Por fe, ¡lo recibo ahora mismo! Gracias por bautizarme. Espíritu Santo, eres bienvenido a mi vida".

¡Felicidades! ahora estás lleno del poder sobrenatural de Dios. Algunas sílabas de un lenguaje que no reconoces surgirán desde tu corazón a tu boca (1 Co. 14:14). Mientras las declaras en voz alta por fe, estás liberando el poder de Dios que está en ti y te estás edificando en el espíritu (1 Co. 14:14). Puedes hacer esto cuando quieras y donde quieras.

Realmente no interesa si sentiste algo o no cuando oraste para recibir al Señor y a Su Espíritu. Si creíste en tu corazón que lo recibiste, entonces La Palabra de Dios te asegura que así fue.

"Por tanto, os digo que todo lo que pidiereis orando, creed que lo recibiréis, y os vendrá" (Mr. 11:24). Dios siempre honra Su Palabra; ¡créelo!

Por favor, escríbeme y dime si hiciste la oración para ser lleno del Espíritu Santo. Me gustaría regocijarme contigo y ayudarte a entender más plenamente lo que ha sucedido en tu vida. "¡Bienvenido a tu nueva vida!"

OTRAS PUBLICACIONES DE ANDREW WOMMACK

Espíritu, Alma y Cuerpo

El entender la relación entre tu espíritu, alma y cuerpo es fundamental para tu vida Cristiana. Nunca sabrás en realidad cuánto te ama Dios o creerás lo que Su Palabra dice sobre ti hasta que lo entiendas. En este libro, aprende cómo se relacionan y cómo ese conocimiento va a liberar la vida de tu espíritu hacia tu cuerpo y tu alma. Puede inclusive explicarte por qué muchas cosas no están funcionando de la forma que esperabas.

Código del artículo: 701

Nuevo Tú Y El Espíritu Santo

EL NUEVO TÚ

Es muy importante entender lo que sucedió cuando recibiste a Jesucristo como tu salvador; es la clave para evitar que la Palabra que fue sembrada en tu corazón sea robada por Satanás. La salvación incluye más de lo que alguna vez te has imaginado.

EL ESPÍRITU SANTO

Vivir la vida abundante que Jesucristo proveyó es imposible sin el Espíritu Santo. Antes de que los discípulos de Jesucristo lo recibieran, eran débiles y temerosos. Después de que lo recibieron, cada uno de ellos se convirtió en una fuente del milagroso poder de Dios, y lo mismo está disponible para ti.

Código del artículo: 734

La Gracia, el Poder del Evangelio

Encuestas recientes indican que la mayoría de los Cristianos, aquellos que aseguran ser renacidos, creen que su salvación depende por lo menos en parte de su comportamiento y de sus acciones. Sí, creen que Jesús murió por su pecado, pero ya que lo han aceptado como su Salvador creen que aún deben cubrir ciertos estándares para ser lo suficientemente "buenos". Si eso es verdad, entonces ¿cuál es el estándar y cómo sabes que ya lo cumpliste? La iglesia ha tratado de contestar estas preguntas por siglos y el resultado siempre ha sido una esclavitud religiosa y legalista. Entonces, ¿cuál es la respuesta? Se debe empezar por hacer la pregunta correcta. No es: "¿Qué debemos hacer?" Más bien: "¿Qué hizo Jesús?" Este libro te ayudará a entender, por medio del libro de Romanos, la revelación del Apóstol Pablo de lo que Jesús hizo, nunca más preguntarás si estás cumpliendo con el estándar.

Código del artículo: 731

La Guerra Ya Terminó

El pecado ya no es el problema entre Dios y el hombre; el precio ha sido pagado de una vez por todas. Dios envió a Su Hijo unigénito para que llevara nuestro pecado, y para que se convirtiera en pecado; y después lo juzgó sin misericordia por ese pecado. ¿Fue Su sacrificio suficiente para ti? ¿Crees que Dios está restringiendo Su bendición y que la razón es tu pecado? Si murieras con un pecado sin confesar, ¿te perderías de la salvación? Las respuestas que encontrarás en este libro te liberarán de la condenación y el temor. ¡Te liberarán para que recibas las promesas anunciadas por Dios!

Código del artículo: 733

Dios Quiere Que Estés Sano

En este libro, Andrew habla de lo que el amor incondicional de Dios y la gracia verdaderamente ya han proporcionado. La sanidad es una porción grande de esa provisión. Él da la respuesta a muchas preguntas frecuentes, como las relacionadas con la expresión "un aguijón en la carne" referida a Pablo, la soberanía de Dios y muchas más. Si tú, o alguien que tú conoces, necesitan recibir sanidad, este libro es para ti.

Código del artículo: 740

Vivir en el Equilibrio de la Gracia y la Fe

La gracia y la fe con frecuencia son consideradas como fuerzas opuestas. Muchos de los que enfatizan la gracia de Dios creen que una vez que somos salvos, entonces Sus bendiciones, (la paz, la sanidad, la prosperidad) son distribuidas sobrenaturalmente de acuerdo a Su voluntad. Muchos de los que enfatizan la fe creen que lo que recibimos de Dios depende de nosotros. La verdad genuina se encuentra en un punto intermedio. Si has estado batallando con tu relación con Dios, o con comprender por qué parece que tus oraciones no son contestadas, este libro es para ti.

Código del artículo: 737

Una Mejor Manera de Orar

Después de cuatro décadas en el ministerio, Andrew Wommack ha descubierto algunas verdades importantes sobre la oración. Posiblemente te estás haciendo las mismas preguntas que Andrew se hizo alguna vez. ¿Es la oración mi deber como Cristiano? ¿Es el propósito primordial de la oración pedirle a Dios que cubra mis necesidades? En este libro encontrarás las claras respuestas bíblicas a estas preguntas y más.

Código del artículo: 736

El Cambio
Sin Esfuerzo

La mayoría de los Cristianos quieren un cambio en algún área de sus vidas. Tratan y tratan de hacer esos cambios pero pronto vuelven a reincidir en los mismos hábitos y conductas. El autodominio y el autocontrol les han fallado una vez más.

¿Entonces, cómo ocurre el cambio de resultados permanentes? Una oruga cuando está dentro del capullo no batalla para convertirse en una mariposa. Una semilla no se esfuerza para convertirse en un árbol y para dar fruto. Ambas simplemente hacen aquello para lo que Dios las creó y el cambio se da, cómodamente.

La Palabra de Dios es como una semilla y nuestro corazón es como la tierra. Cuando a aquélla se le planta y se le nutre en el suelo de nuestro corazón, empieza a crecer. El resultado es la transformación, y el fruto será evidente para todos. Si tú quieres un cambio verdadero en tu vida, este libro es para ti.

Andrew Wommack

El mensaje de Andrew Wommack, autor y maes dedicado a la enseñanza de la Biblia durante los últir treinta años, llega a millones de personas a través los programas diarios de radio y televisión "La Ver del Evangelio" y de la escuela Charis Bible Colle ubicada en Colorado Springs, Colorado.

Andrew Wommack Ministries Canada
300 Steeprock Drive, Toronto, ON M3J 2X1
www.awmc.ca
Charis Bible College
www.charisbiblecollegecanada.ca

Item Code: 742

ISBN: 978-1-59548-213-6